과학수사로 보는 범죄의 흔적

과학수사로 보는 범죄의 흔적

유영규 지음

들어가는 말

세상에 완전범죄란 없을까. 지난 2011년 '범죄는 흔적을 남긴다'라는 제목으로 〈서울신문〉에 기사를 연재하면서 아이러니하게도 나는 연재 기사의 제목과 반대되는 질문을 스스로에게 던지곤 했다. 권선징악으로 끝나는 아름다운 동화처럼 현실에서도 모든 흉악범이 죗값을 치르고 있느냐 하는 것이다. 안타깝게도 답은 '아니요'였다.

1997년 4월 이태원 살인사건에서 보듯 용의자 두 명 가운데 누가 범인인지를 확신할 수 없다는 이유로 모두 풀어주는 황당한 사례도 있었다. 다행히 유력한 용의자인 아더 존 패터슨이 한국으로 송환돼 1심에서 20년형을 선고받았지만 여전히 재판은 진행 중이고 그를 법정에 다시 세우는 데만 무려 19년이 걸렸다.

용의자가 범행을 자백했고 재판부도 타살 가능성이 매우 크다고 보지만, 증거재판주의라는 원칙에 갇혀 면죄부를 건네는 일도 있다. 완전

범죄는 그렇게 만들어진다. 범인이 누구인지 감조차 잡지 못하는 미해결 사건도 적지 않다. 이른바 '콜드 케이스cold case'다. 단지 '국민이 불안해 한다'는 정치적인 이유로, 때로는 부처部處의 보신주의로 드러내놓고 관련 통계를 공개하지 않을 뿐이다. '개구리소년 실종사건'을 보자. 사건이 발생한 지 11년 6개월 만인 2002년 9월에 아이들의 유골이 발견됐지만, 사망 원인조차 제대로 밝혀내지 못한 채 2006년 3월 말 공소시효가 만료됐다. 화성 연쇄살인사건도 마찬가지다. 이제는 뒤늦게 진범을 잡는다 한들 처벌할 방법이 남아 있지 않다.

　그렇기에 이 책은 대한민국의 과학수사를 예찬하지도 맹신하지도 않는다. 다만 다양한 사례를 통해 한국 과학수사의 현실을 되짚어보고 더 나은 미래를 함께 고민해보고자 한다. 미꾸라지처럼 손가락 사이로 빠져나가는 범인들을 잡으려면 수사 전문가는 물론 사법부, 일반인까지도 과학수사에 대한 이해와 관심을 높여야 한다고 본다. 다시 말하지만 이 책을 쓴 목적은 범죄와 그로 말미암은 죽음을 단순히 흥밋거리로 삼고자 함이 아니다. 과거를 성찰해 교훈을 얻듯 우리 사회에서 일어난 범죄에 대한 이해를 넓혀 억울한 사람도, 안타깝게 은폐될 수 있는 죽음도 없애자는 취지다. 다행히도 최근 과학수사 기술은 빠르게 발전하고 있다. 현장 증거의 발견과 그 보존에 대한 인식이 크게 개선되었고, 증거를 종합해 의심의 여지가 남지 않도록 증명해낼 수 있는 입증 능력도 눈에 띄게 늘었다. 특히 한국의 DNA 수사 기법은 세계적 수준에 올랐다.

　막상 책을 내고 보니 아쉬운 부분도 많다. 실패의 과정과 이유를 복기해봐야 반복되는 오류를 잡을 수 있다는 생각에 미제사건에 대한 기록들을 정리하고 싶었지만 정보 접근 자체가 쉽지 않았다. 당시 수사 지휘부와 관계자들이 연관된 탓에 내부에서 반발할 수도 있는 등 과정이 험난하겠지만, 언젠가 검찰이든 경찰이든 오답노트를 만들어봤으면 한다.

우려되는 부분도 있다. 글이 가해자를 넘어 피해자들의 이야기를 담고 있기에 누군가에게는 아픈 기억을 되새기게 하는 일이 아닌지 하는 점이다. 앞서 말한 취지를 고려해 부디 넓은 이해를 바란다. 기우인지 모르겠지만 과학수사의 과정을 강조하다 보니 마치 수사가 수학문제를 풀듯 책상머리에 앉아서 하는 것처럼 비칠까봐 걱정된다. 사건기자를 하면서 현장에서 만나본 형사들은 지나치다 싶을 정도로 몸을 바쳐 뛰었다. 용의자를 찾으려고 수백, 수천 가구를 이 잡듯 뒤지는 땀방울과 며칠 밤을 새우며 CC(폐쇄회로)TV 화면을 뚫어지게 살피는 열정이 없다면 과학수사는 공허한 외침일 뿐이다. 그런 노력을 누구든 알아줬으면 한다.

땅에 묻히는 순간까지 국민의 권리를 보호하는 것은 국가의 책임이다. 분명치 않은 이유로 억울한 죽음을 맞는 이도, 반대로 억울하게 범죄자로 몰리는 사람도 없어야 한다. 범죄는 흔적을 남기지만 주검은 말을 하지 않는다. 시신과 범죄 현장에서 진실을 찾으려는 노력과 이를 위한 시스템을 구축하지 못한다면 범죄는 흔적을 남기지 않는다.

늘 첫 독자가 되어주었던 김태균 부장과 아내 전효순 부장에게 감사의 뜻을 전한다. 애정 어린 조언과 기대가 있었기에 보잘것없는 글이 한 권의 책으로 거듭날 수 있었다. 밤낮 없는 문의전화가 귀찮을 법한데도 늘 자기 일처럼 응대해준 법의학자 K에게도 고마움을 표한다. 살아계

셨더라면 뛸 듯이 좋아하셨을 어머니와 늘 무한한 믿음을 보여준 가족
에게도 사랑한다는 말을 하고 싶다. 마지막으로 이제 여섯 살이 된 딸
율이를 위해서라도 우리 사회가 보다 안심하고 살 만한 세상이 됐으면
한다.

2016년 6월

유영규

차례

들어가는 말 _____5

데이트 강간 약물 _____13

성도착증 '자기색정사' _____18

보험금 노린 살인 혹은 자살 _____22

교통사고를 위장한 살인 _____28

성전환 여성, 7년 만에 한을 풀다 _____33

초미니 흔적 '미세증거물' _____37

정관수술한 연쇄성폭행범 _____42

핏자국 속 엽기 살인범의 족보 _____48

지능적 칼잡이는 '치명적 급소'를 노린다 _____54

급성 수분중독 _____59

자살 같았던 사건의 진실 _____65

불탄 그녀의 마지막 호흡, 아들을 지목하다 _____69

20대 얼짱 여성, 죽은 뒤에 성형수술한 덕을 보다 _____74

연쇄살인범에 당한 20대 여성, 6년 만의 대반전 _____79

피살 20대 여성, 전날 쓴 데스노트에 범인 이름이… _____ 84

물속에서 떠오른 그녀의 흰 손, 살인자를 가리키다 _____ 89

헤어드라이어로 부인을 살해하다 _____ 94

두려움이 만든 '복합자살' _____ 99

누명을 벗겨준 거짓말탐지기 _____ 106

청장년 급사 증후군 _____ 114

억울한 죽음의 단서가 된 치아 _____ 121

별무늬 자국의 비밀 _____ 127

살인 진실 밝혀낸 토양감정 _____ 133

살인현장에 남은 '그'의 립스틱 _____ 139

'파란 옷'을 입었던 살인마 _____ 144

최면이 일러준 범인의 얼굴 _____ 149

다발성 손상이 남긴 진실 _____ 157

강릉 40대 여인 살인사건 _____ 162

살해돼 물속으로 던져진 시신들 _____ 167

첫 여성 연쇄살인범 김선자 _____ 172

살인사건의 유일한 증거 _____ 178

억울한 소녀의 죽음 _____ 184

토막 시신 전철역 화장실 유기사건 _____ 189

마약에 눈먼 그녀의 엽기적 살인 _____ 195

죽음의 순간을 담고 싶은 사진사 _____ 200

30대 애주가의 죽음, 그리고 친구의 고백 _____ 207

참고문헌 _____ 213

데이트 강간 약물

'악마의 술잔' 한 모금에 블랙아웃,
24시간 내에 검사 못하면 미제사건

서울 수서경찰서는 2009년 12월 3일 여성들을 스마트폰으로 유인해 성폭행한 C모(32세) 씨를 구속했다. 경찰에 따르면 당시 광고회사 직원이던 C씨는 인터넷에서 미모의 여성들의 휴대전화번호를 수집한 후, 실시간 채팅이 가능한 스마트폰 앱에 등록해 일단 대화를 나누며 접근하는 수법으로 범행 대상을 물색했다. 영국 유학생이라 자신을 소개한 그는 직접 만남이 이뤄질 때는 '포드 머스탱' 등 외제차를 몰고 나가 여자들의 환심을 샀다. 이후 "와인을 마시러 가자"고 꼬드겨 술을 먹인 뒤 모텔이나 자신의 승용차로 끌고 가 범행한 것으로 드러났다. 여성들은 모두 와인 한두 잔에 정신을 잃었다. C씨가 일명 '물뽕'이라고 불리는 마약류 등을 술에 타 여성들에게 먹인 것이 아닌지 의심하고 있다. 이렇게 5개월여간 11명을 성폭행하거나 추행했다.

– 〈연합뉴스〉, 2010년 12월 3일

2010년 유엔 산하 국제마약감시기구INCB는 이례적으로 '데이트 강간 약물Date-rape drug'에 대해 주의보를 발령했다. 약물을 이용해 여성을 정신 못 차리게 한 뒤 성폭행하는 사례가 전 세계적으로 늘고 있기 때문이다. 국내에서도 피해사례는 지속적으로 일어나고 있다.

3대 악물惡物 GHB·로히피놀·케타민

최근 들어 나쁜 목적으로 자주 쓰이는 약물은 감마 히드록시 부티르산GHB, gamma-hydroxybutyrate, 로히피놀Rohypnol, 케타민Ketamin 등 세 가지다. 대개 술이나 음료수 등에 쉽게 녹으며 색도 없고 냄새도 없는 알약 형태다. 이런 약물들은 원래 나이트클럽 같은 곳에서 좀더 격정적으로 즐기자는 목적에서 퍼지기 시작했지만, 시간이 지나면서 용도가 악의적으로 변해왔다.

가장 흔한 것은 '물 같은 히로뽕(필로폰)'이라는 뜻에서 '물뽕'으로 불리는 GHB다. 알약이나 분말 형태인 일반적인 마약과 달리 액체 형태인 데다 무색무취해 일반인들이 마약류로 식별하기 쉽지 않다. 술이나 소다수 등에 빠르게 감쪽같이 녹는 물뽕은 약간 짠맛이 난다. 하지만 소량의 GHB가 희석된 술이나 음료를 마시면서 이를 감지해내기란 거의 불가능하다.

로히피놀은 수면장애 환자에게 처방하는 약이 엉뚱하게 전용된 경우다. 동그란 알약 형태로 역시 무색무취하고 알코올은 물론 콜라, 사이다, 주스 등에 잘 녹는다. 악용 사례가 늘면서 제약사 측은 빨리 녹지 않으면서도 알코올에 넣으면 파랗게 색이 변하는 신제품을 만들고 있다.

동물마취제로 쓰이는 케타민은 환각의 강도가 엑스터시나 LSD보다도 강해 동남아 등지에서 '스페셜K'라는 이름으로 유행하고 있다. 국내에서도 2006년부터 향정신성의약품으로 분류돼 취급 제한을 받는다. 앞서 언급한 제품들은 모두 미국, 캐나다, 유럽 등에서 성범죄용으로 악용된 것이 인터넷 보급과 택배망 발전 등에 편승해 국내로 유입되고 있다.

기억상실 때문에 정신적 충격이 더 클 수 있다

이런 약물을 모르고 먹었을 때 몸에는 어떤 변화가 올까. 국립과학수사연구원에 따르면 범죄자가 건넨 '악마의 술잔'을 들이켜면 15~30분이 채 안 돼 약효가 나타난다. 차츰 기분이 좋아지다가 그게 심해지면 주체 못할 졸음이 쏟아진다. 한 시간쯤 지나면 아무리 정신력이 강한 사람이라도 의식을 잃는다. 다른 사람들에게는 만취한 여자를 남자가 부축해 술집을 나가는 것 정도로만 비친다. 중독증상이다. 특히 GHB 등은 중추신경억제제로 사용되는 까닭에 다량이 사용되거나 알코올과 함께 몸 안에 흡수되면 발작과 심장마비, 호흡기장애 등으로 사망에 이를 수 있다.

극소수는 성폭행을 당한 뒤 곧바로 깨어나 부분적이나마 기억을 되찾지만 대부분의 사람들은 아무것도 기억하지 못한다. 술이 과해 필름이 끊어지는 '일시적 기억상실Black Out' 정도로 여기기도 한다. 신체에 이상을 느껴 신고한다고 하더라도 이미 기억은 파편처럼 흩어져 스스로 어디까지가 진실인지 가늠하기 어려워진다. 마약류를 이용한 성폭행의 신고율이 낮은 이유이기도 하다. 이 때문에 전문가들은 약물이나 알코올 등에 의한 성폭행 피해자가 일반적인 경우보다 더 심한 정신적 충격을 받는다고 말한다. 기억이 전혀 안 나니 상상에 상상을 더해 한층

심하게 자책하는 것은 물론이고, 심하면 스스로 삶을 마감하기도 한다.

악마를 잡으려면 증거가 중요하다

일을 당했다는 생각이 들면 어떻게 해야 할까. 소변이나 혈액을 통해 최대한 빨리 문제의 약물 성분을 찾아내는 게 중요하다. 불행히도 증거가 사람의 몸속에 남아 있는 시간은 길지 않다. GHB는 24시간, 로히피놀은 35시간 이내에 소변을 받아야 한다. 혈액에서도 24시간 내에 사라지는 경우가 많기 때문에 증거 채취는 되도록 빠를수록 좋다.

피해사례가 속출하면서 해외에선 술이나 음료에 데이트 강간 약물이 들어 있는지를 알아볼 수 있는 물컵과 빨대까지 개발됐다. 미국의 한 회사가 개발해 시판을 앞두고 있는 이 제품은 GHB, 로히피놀, 케타민 등이 섞인 음료가 닿으면 색깔이 빨갛게 변해 여성들에게 경고 메시지를 건넨다.

일정 시간이 지나면 증거가 사라진다는 점에서 초동수사에 나선 경찰관의 역할이 중요하다. 어떤 일이 일어났는지, 어떻게 집에 갔는지 기억이 안 나는 상황에서 누군가에게 성폭행을 당했다는 피해자 신고가 들어오면 우선 특정 약물이 원인이 됐는지 의심해야 한다. 국립과학수사연구원 관계자는 "약물에 의한 성폭행이 의심되는 피해자가 경찰서를 찾으면 여경 입회하에 재빨리 소변을 채취해야 한다"고 했다.

약물 처벌에 관대한 한국 사회

문제가 커지고 있는데도 우리나라는 약물을 활용한 범죄에 지나치게 관대하다. 미국에서는 클린턴 행정부 당시인 1996년 여성인권 보호 차원에서 '약물을 이용한 성폭행 방지와 처벌에 관한 연방법Federal Drug-Induced Rape Prevention and Punishment Act'을 발효시켰다. 이에 따라 데이트 범죄 약물을 이용하다 붙잡히면 최대 20년까지 징역형을 받는다. 일부 약물은 단순히 가지고 있다는 이유만으로도 3년형을 받는다.

하지만 국내에서는 약물을 이용해 성폭행을 하더라도 사실상 형량은 '징역 2년 6개월~5년'(기본형량 기준) 안에서 결정된다. 일반적인 강간죄와 다를 것이 없다. 현행법상 '심신장애를 야기한 성범죄'(마약류나 기타 약물을 투약해 피해자의 인식과 통제능력을 상실 또는 미약하게 한 다음 벌어지는 성범죄)는 '특별양형인자'가 아닌 '일반양형인자'에 속해 형량이 그다지 크게 변하지 않는다. 일반양형인자는 죄질이 나빠 형을 더 살게 하더라도 이미 기존에 정해진 기본 형량의 틀 안에서 가중치를 적용해야 한다. 예를 들어 정해진 형량 범위가 징역 2년 6개월~5년이라면 최대 형량은 5년까지만 줄 수 있다. 하지만 특별양형인자는 형량 범위 자체를 결정하는 것이어서 이에 해당한 죄를 지었을 경우 형량이 크게 늘 수 있다. 결론적으로 데이트 강간 약물을 이용해 성폭행한 행위 그 자체로 받을 수 있는 형량은 최대 5년이란 이야기다. 게다가 당시 강간은 피해자의 고소가 있어야 처벌되는 친고죄親告罪였다(강간을 친고죄로 규정하던 조항은 논란 끝에 2013년 6월 19일부터 폐기된다). 앞에서 예를 든 C씨도 피해자가 소를 취하하면서 결국 기소유예를 받았다.

성도착증 '자기색정사'
혼절 직전에 성적 쾌감을 탐닉하다

—

사례1: 2004년 서울, 40대 남자 K의 방

여자 옷을 입은 채 자기 침대에서 사망한 K의 입에는 여성용 스카프가 잔뜩 들어 있었다. 엄청난 양이었다. 목에는 여러 곳에 끈 자국이 선명했다. 개목걸이와 스카프 자국들이 얼기설기 뱀이 똬리를 튼 형상으로 엉켜 있었다. 무언가에 목이 졸렸다는 증거다. 무릎과 두 발도 스카프로 묶여 있었다. 외부 침입의 흔적은 없었지만, K의 가족들은 타살을 의심했다. 시신이 국립과학수사연구원으로 옮겨졌다. 부검대에 오른 그의 얼굴 주변과 장기에는 피가 흐르지 못하고 뭉친 울혈(피가 흐르지 못해 생긴 피멍)이 보였다. 안구와 눈꺼풀 사이, 결막과 폐에는 내출혈로 생기는 좁쌀 같은 일혈점(溢血點, 내부 출혈에 따른 좁쌀 같은 반점)이 나타났다. 모두 질식사에서 관찰되는 소견이었다. 국립과학수사연구원은 그의 죽음을 자살도 타살도 아닌 '사고사'로 결론지었다.

18

사례2: 2009년 태국 방콕의 A호텔

영화 〈킬빌〉에서 악역 '빌'을 연기했던 미국 배우 데이비드 캐러딘(당시 72세)이 숨진 채 발견됐다. 호텔 청소원이 발견했을 때 그는 옷장에 밧줄로 목을 맨 상태였다. AP 등 언론은 일제히 '자살' 보도를 쏟아냈다. 하지만 태국 경찰은 "스스로 목을 맨 건 맞지만 자살은 아니다"라고 했다. 방콕 경찰청 오라퐁 시프리차 수사팀장은 "알몸이 끈에 묶여있는 등 정황으로 볼 때 자살했다기보다는 스스로 성적인 행위를 하다잘못돼 숨졌을 가능성이 높다"고 말했다. 가족들은 타살 의혹을 제기하며 미연방수사국FBI에 재조사를 의뢰했다. 2차 부검을 마친 미국 법의학 전문가는 "타살 흔적도, 발버둥친 흔적도 없다"며 태국 경찰과 같은결론을 내렸다.

스스로 목맸지만 자살이 아니다?

스스로 목을 맸지만 자살은 아닌 해괴한 죽음. 법의학계에서는 앞선두 사람의 죽음을 '자기색정사自己色情死, Autoerotic death'라고 부른다. 다소민망한 이 말은 성적 쾌감을 느끼려고 스스로 끈이나 비닐봉지, 심지어전기장치 등을 이용해 질식 등을 유발하다 사고로 죽는 것을 말한다. 가장 흔한 방법은 K처럼 스스로 목을 조여 순간적인 질식을 유발하는 것이다. 목을 조였던 줄을 푸는 타이밍을 놓치면 그대로 끝이다. 머리에비닐주머니나 방독면 따위를 쓰기도 하고 두꺼운 테이프로 자기 입과코를 틀어막기도 한다. 머리 전체를 밀폐된 작은 공간에 집어넣는 일도있다. 모두 가벼운 질식을 유발하기 위한 방법이다. 정신의학적인 배경은 정확히 규명되지 않았지만 성적 흥분과 만족을 얻기 위해 신체적·정신적 고통을 쫓는 피학증masochism의 일환으로 보기도 한다. 법의학계에 따르면, 뇌에 공급되는 산소가 감소하는 순간 몸에는 가벼운 두통과 함께 현기증 또는 꿈을 꾸는 것과 같은 들뜬 기분이 나타난다. 일부 사람들은 이런 미묘한 변화에서 행복감이나 성적 만족을 느낀다. 여러 해 전에 소년들 사이에 서로 목을 조르거나 손가락으로 경동맥을 눌러 잠시 혼절시키는 '기절놀이'가 유행한 적이 있다. 같은 원리다. 이런 행위를 즐기는 사람들은 순간의 쾌락이 영원히 자신의 숨통을 조일 수 있다는 사실을 안다. 그런데도 여기에 탐닉하는 것이다. 일종의 성도착증이기 때문이다.

자기색정사는 다른 사람에게 피해를 주기도 한다. 자살이나 타살로 둔갑하는 경우다. 만일 타살로 분류되면 없는 범인을 잡기 위해 경찰 수사 인력이 불필요하게 낭비된다. 반대로 자살로 분류되면 가족들은 사고사로 인정받지 못해 생전에 든 보험금을 못 타게 된다.

—

한 해 최대 500명의 불명예 사고사가 일어나는 미국

자기색정사 여부를 가리는 데 무엇보다 중요한 것은 현장조사다. 우선 사망자들은 신체의 일부, 특히 손을 묶는 경우가 흔한데 그 결박이 죽은 사람 스스로 만들 수 있는 구조인지 아닌지를 판단하는 것이 중요하다. 경우에 따라 성적 파트너에 의해 행해졌을 수도 있다. 매듭은 복잡해도 혼자 묶을 수 있는 형태가 있고, 단순해도 혼자서는 도저히 만들 수 없는 모양이 있어 면밀한 분석이 필요하다. 목을 졸라서까지 성적 환상을 즐기고 싶어도 너무 아픈 것은 싫은 것이 인지상정. 목을 조이는 올가미 안쪽에 천 등이 끼어 있다면 자기색정사인지 의심해봐야 한다. 시신의 목에 시간이 꽤 지난 상처 자국이 있는지도 훑어봐야 한다. 고인이 즐긴 이상한 형태의 자위가 그의 습관이었다면, 이전에도 스스로 목을 졸랐던 상처가 남아 있을 가능성이 크기 때문이다. 사고현장의 공통점은 대부분 시신이 격리되거나 고립된 자기방, 다락, 지하실 등에서 발견된다. 문은 대개 안으로 잠겨 있다. 시신은 성기를 드러내거나 옷을 벗은 채로 대개 발견되는데, 남성은 여성의 옷차림을 한 경우가 많다. 복장도착증 때문이다. 시신 앞에는 도색 잡지가 널브러져 있기도, 거울이 놓여 있기도 하다. 마스크 등을 쓴다거나 스스로 눈을 가리거나 테이프 등으로 입을 막기도 한다. 쾌락을 극대화하기 위한 일종의 준비다. 10~30대 남자가 대부분이지만 간혹 여자들도 있다. 특히 여성일 경우 현장만 보면 타살과 너무 유사한 정황이 연출되기 때문에 초동수사를 제대로 하지 않으면 사건이 엉뚱하게 흐를 수 있다.

이렇게 특이한 방법으로 욕정을 풀다가 사고사하는 사람이 얼마나 될까. 미국에서는 한 해 최대 500명이 자기색정적인 행위로 사망한다는 보고가 있다. 하루 1.4명꼴이다. 우리나라에는 아직 정확한 통계가 없다. 자기색정사에 대한 현장의 감이 떨어져 정황을 놓치는 일도 있지만, 고인에게 누가 된다는 생각에 유가족이 진상을 덮고 보려는 경우가 많다. 10년차 법의관은 "가족들은 고인이 성적 만족을 찾다가 죽은 것으로 알려지기보다는 그냥 자살을 했다는 의학적 판단을 반기는 편"이라면서 "마지막까지 곱게 보내고 싶은 것이 가족의 마음이라 더욱 안타깝다"고 했다.

보험금 노린 살인 혹은 자살

사고로 위장한 최악의 선택, 죽거나 혹은 나쁘거나

"범죄를 통해 얻게 될 기대효용이 합법적인 대안활동으로 얻게 될 효용보
다 클 때 범죄는 발생한다."

－게리 베커Gary Becker, 노벨경제학상 수상자

2001년 10월 어느 날, 밤 9시를 갓 넘긴 시각. 전남 담양의 한 병원 응
급실로 20대 여성 A(당시 28세)씨가 후송됐다. 남편과 함께 차를 타고
가다가 교통사고를 당한 그녀는 호흡도 혈압도 잘 잡히지 않을 만큼 위
독했다. 15분간의 심폐소생술로 혈압이 다소 오르면서 고비를 넘기자,
의료진은 서둘러 A씨를 대학병원으로 이송했다. 그러나 환자는 다음
날 오후 갑자기 혈압이 떨어졌고 결국 오후 4시 50분 눈을 감았다. 운전
을 했던 남편 K씨는 "모두 나 때문"이라며 오열했다.

사고가 난 곳은 고속도로의 터널 앞이었다. K씨는 조수석에 부인을

태우고 시속 80~90킬로미터로 달리는데 갑자기 들짐승이 튀어나왔다고 경찰에서 진술했다. 핸들을 급히 오른쪽으로 돌리는 바람에 터널 입구를 들이박았고, 그 충격으로 아내가 그렇게 됐다는 것이다. 현장에 출동했던 119구급대원의 생각도 비슷했다. 하지만 A씨의 시신을 검안한 검시관은 고개를 갸웃거렸다. 죽은 이의 몸을 아무리 살펴도 죽음에 이를 만큼 결정적인 상해는 발견하지 못했기 때문이다.

오열했던 남편, 부인을 독살하다

부검대에 오른 A씨의 몸에는 심폐소생술을 시행한 흔적이 역력했다. 가슴은 멍이 들었고, 앞가슴뼈와 2, 5번 늑골이 부러졌다. 가슴뼈는 약한 편이어서 건강한 성인 남성도 심폐소생술을 받다가 부러지는 일이 드물지 않다. 몸 안에 교통사고의 흔적은 존재했다. 복강 안에는 270씨씨cc 정도의 유동혈이 고여 있었다. 외부의 힘을 못 견뎌 찢어진 우측 간에서 피가 흐른 것이 원인이었다. 부검의는 출혈량 등으로 봤을 때 직접적인 사인을 교통사고로 보기 어렵다는 의견을 내놓았다.

대신 그는 안구와 눈꺼풀 사이 결막에 생긴 작은 변화에 주목했다. 일혈점이 보였다. 일혈점은 교통사고가 아닌 목졸림 등 급성 질식사에 흔히 나타나는 소견이다. 혈액과 위장의 내용물에서도 타살의 흔적이 나타났다. 청산염이 발견됐다. 혈중 농도는 $1.14\mu g/ml$. 흔히 청산가리로 불리는 청산염은 극소량으로도 사망에 이를 수 있는 맹독이다. 부검 결과를 근거로 경찰은 남편을 추궁했고, 결국 "부인을 살해했다"는 자백을 받아냈다. 평소 채무 문제로 부부 싸움이 심했던 그에게 부인 명의로 되어 있는 8억 원 상당의 생명보험은 뿌리칠 수 없는 유혹이었다. 그는 친구와 함께 차 안에서 비닐봉지로 부인을 질식시킨 후 조수석에 태웠고 바로 터널 벽을 향해 내달려 사고를 가장했다고 진술했다. 다만 청산염을 어떻게 먹였는지에 대해서만큼은 끝내 입을 열지 않았다.

—

40대 가장, 가족에 보험금 남기려 자살

갑작스러운 죽음 앞에서 보험금은 남겨진 가족이 경제적으로 기댈 버팀목이 되어준다. 하지만 거꾸로 양심을 배반하고 스스로를 파탄 내는 악마의 속임수로 변하기도 한다. 그 유형도 다양하다. K씨처럼 배우자의 목숨을 팔아 보험금을 챙기려는 비정한 남편이 있는가 하면, 가족을 위해 자신의 남은 목숨을 돈으로 바꿔주려는 못난 가장도 있다. 어차피 범죄이긴 마찬가지다. '죽거나 혹은 나쁘거나'의 차이만 존재할 뿐이다.

2004년 8월, 전북 정읍의 시골마을. 지체장애인 B(당시 44세)씨가 운전하던 승용차가 농수로에서 떨어지면서 차에 불이 났다. 운전자 B씨는 숨진 채 발견됐다. 시신은 불로 심하게 훼손된 상태였다. 검안의는 '자동차 사고로 인한 화재'를 직접 사인으로 꼽았다. 하지만 담당검사는 차를 산 경위나 보험 가입 시기 등 정황이 의심스럽다고 봤다. 차에 불이 난 이유도 불분명하다며 시신 부검을 요청했다. B씨의 기관지와 인후부는 매연에 덮여 있었다. 혈중 일산화탄소의 농도가 37.6퍼센트에 달했다. 화재 당시 사망자가 한동안 호흡을 유지하며 살아 있었다는 증거다. 여기까지만 보면 검안의가 말한 사고사에 설득력이 있다.

하지만 결국 사인이 뒤집어졌다. 혈액에서 $5.63\mu g/m\ell$ 청산염이 검출됐다. 위에서도 같은 성분이 나왔다. 혈중 알코올 농도 역시 0.10퍼센트였다. 사망자는 만취 상태에서 청산염을 먹은 뒤 차를 몰았던 것이다. 국립과학수사연구원은 사고 당일의 행적과 보험특약 사항 등에 대한 조사가 필요하다면서 "사망자가 자살했을 가능성이 크다"는 의견을 피력했다.

결국 B씨는 사고 이틀 전 직접 자동차보험에 가입한 것으로 드러났다. 사고가 나면 최고 1억 원의 보험금을 받는 조건이었다. 경찰 관계자는 "3년 전 찾아온 중풍으로 오른쪽 팔과 다리가 불편해 목발을 짚고 생활했던 그가 생활이 어려워지면서 가족에게 보험금이라도 남겨주고 싶어 했던 것 같다"고 말했다.

금융감독원에 따르면 2015년 생명보험 관련 범죄로 적발된 인원은 6,307명에 달한다. 보험사기로 적발된 8만 3451명의 7.6퍼센트 수준으로 최근 증가세가 심상치 않다. 인원 기준으로는 전년 대비 8.1퍼센트(5,832명→6,307명), 금액 기준으로는 1.6퍼센트(877억 원→891억 원)가 늘었다. 보험업계는 전체 보험금의 약 10퍼센트가 사기에 연루된 부당한 보험금인 것으로 추정하고 있다. 금융감독원 관계자는 "무직이나 일용직 등 경제적으로 어려운 사람들의 보험사기 연루 비중이 점점 증가하고 있다는 점도 우리 사회의 쓸쓸한 단면"이라고 말했다.

• 우황청심환 먹고 거짓말탐지기 오르기 •

거짓말탐지기는 피검사자가 의도적으로 진실을 숨기려 할 때 무의식중에 나타나는 심박수와 땀, 호흡 등 미세한 신체적 변화를 읽어낸다. 만약 미세한 신체적 변화를 감추기 위해 범인이 우황청심환 등을 복용하고 검사에 임하면 어떤 결과가 나올까. 실제 거짓말탐지검사를 받는 사람들 가운데는 주장의 사실 여부를 떠나 긴장감을 완화하려고 우황청심환을 먹고 오는 일이 적지 않다. 이 때문에 국립과학수사연구원에서 흥미로운 실험이 진행됐다. 우황청심환을 복용한 후 거짓말탐지검사를 한다면 거짓말탐지기를 속일 수 있을까를 알아보는 실험이다. 실험대상은 30명(대학생 27명, 고등학생 2명, 일반인 1명), 피실험자에겐 유명 제약회사의 50밀리리터짜리 우황청심환 현탁액이 각각 제공됐다. 실험과제는 테이블 위 밀실에서 발찌, 귀걸이, 목걸이, 손목시계, 반지, 팔지, 넥타이핀 등 7개의 물건 중 하나를 훔치게 한 뒤 안 훔쳤다고 잡아떼게 하는 것이었다. 실험자의 긴장감을 높이기 위해 거짓말이 탄로 난 사람은 실험참가비용을 반으로 깎겠다고 일러둔 상태였다. 복용 직전과 복용 후 1시간, 2시간, 4시간 등 시간 간격을 두고 4회의 실험을 진행했다.

거짓말탐지기 실험결과 우황청심환을 복용했을 때와 복용하지 않았을 때, 우리 몸은 각각 다르게 반응했다. 우황청심환을 복용한 뒤 실험에 참여한 사람은 모두 심장박동수가 확연히 줄어들었다. 특히 복용 후 두 시간이 지나자 심박수가 가장 크게 줄어들었다. 피부전기반응 역시 우황청심환을 마시지 않았을 때와 비교해보면 통계적으로 유의미한 변화를 보였다. 하지만 우황청심환을 마신 탓에 거짓말을 할 때 몸이 보이는 변화의 폭은 크게 줄었으나, 그렇다고 진실을 숨길 수 있는 것은 아니었다. 결론은 우황청심환을 먹어도 거짓말탐지기를 속일 수는 없다는 것이었다. 이런 이유에서 우황청심환을 복용하고 거짓말탐지검사를 받는 것은 편법도 위법도 아니다.

교통사고를 위장한 살인
아내를 목 졸라 살해한 뒤 차는 낭떠러지로…

2014년 우리나라의 교통사고 사상자는 34만 2259명이었다. 4,762명이 세상을 떠났고, 33만 7497명이 부상을 당했다. 1시간에 39명가량이 도로 위에서 죽거나 다친 셈이다.

교통사고가 이렇게 흔하다보니 사람을 죽여놓고 마치 교통사고인 것처럼 둔갑시키는 일도 일어난다. 인간의 잔혹함이 일상으로 변하는 순간이다. 자동차 사고를 가장한 살인은 범행의 흔적이 남지 않는 데다 꾸미기에 따라 거액의 보험금을 챙길 수도 있어 국내외에서 드물지 않게 일어나고 있다. 자동차 사고를 가장한 범죄 스릴러 영화도 적잖다.

영국 다이애나 전 왕세자비가 애인 도디 파예드와 함께 1997년 8월 31일 밤 파리 알마교 지하차도에서 교통사고로 사망한 뒤, 도디의 유가족은 이 죽음이 사고가 아니라 영국 첩보원과 여왕의 남편 필립공이 연루된 살인이라고 줄기차게 주장해왔다. 영국 진상조사단이 사건발생 9

년 만인 2006년 음모에 의한 살인이 아닌 '비극적 사고사'라고 결론내
리면서 논란은 막을 내리는 듯했지만, 음모론은 지금까지 꼬리를 문다.

———

사건1: 보험금 노려 뺑소니를 가장하다

2002년 2월 10일 오후 4시 15분. 경남 진해시(현 창원시)의 해변도로
를 순찰하던 경찰은 도로변에 쓰러져 있는 30대 남자를 발견했다. 부인
과 사별한 후 인근에서 양식업을 하며 건실하게 살아오던 A(당시 38세)
씨였다. 뺑소니였다. A씨는 겨우 숨은 유지했지만, 의식은 없었다. 몸에
서 풍기는 진한 알코올 냄새는 그가 사고 직전까지 상당량의 술을 마셨
다는 걸 말해주고 있었다. A씨는 이내 숨을 거뒀다.

경찰은 그 전날 A씨와 술을 마셨다는 동료 세 명을 조사했다. 이들은
입이라도 맞춘 듯 "1차를 마친 후 노래방으로 2차를 갔고 그곳에서 헤
어졌다"고 진술했다. 목격자는 없었다. 사고현장은 횟집이 모여 있어
늦은 시간까지 취객이 몰리는 곳이었다. 하지만 사고 당일은 설 연휴 전
날이라 대부분의 가게가 일찍 문을 닫았다. 경찰은 명절 전날 새벽에 인
근을 지나는 차량은 활어운반차량뿐이라는 판단 아래 수사를 진행했
다. 하지만 수사는 진척이 없었다.

A씨의 사인은 다발성 장기손상이었다. 가슴에는 타이어가 몸을 타고
넘어가면서 생기는 역과손상轢過損傷, run-over injury이 남아 있었다. 자동차
가 사람을 타고 넘으면 바퀴가 누르면서 회전하는 힘에 의해 근육과 피
부가 벌어져 생각보다 심하게 상처가 난다. 특히 차가 급제동하면서 몸
을 타고 넘으면 바퀴에 강한 전단력(맞닿은 두 면에 크기가 같은 두 힘이 서
로 반대 방향으로 평행하게 작용함)이 생기면서 사지가 절단되기도 한다.

그러나 A씨를 치고 간 차는 경찰의 추정처럼 활어운반트럭은 아닌 듯했다. 바닷물을 잔뜩 실은 활어트럭이 남긴 흔적 치고는 가슴 주위의 타이어 자국이 선명치 않았다. 운전자가 급제동하면서 도로에 나타나는 스키드마크(타이어 마모 자국)도 보이지 않았다. 당시 국립과학수사연구원은 부검의뢰서 등을 통해 "차량이 저속(시속 30킬로미터 이하)으로 몸 위를 지나가 사망에 이르게 한 사건으로, 단순 사고로 결론 내리기에는 의문점이 있다"고 밝혔다.

이에 따라 경찰은 수사 방향을 바꿨다. 이 과정에서 A씨가 사망 3개월 전, 6촌 처남 B씨의 권유로 거액의 손해보험에 가입했다는 사실이 드러났다. 특히 A씨가 혈혈단신인 이유로 보험 수혜자는 B씨였다. 결국 사건은 거액의 보험금을 노린 B씨가 교통사고를 위장해 A씨를 살해했고, 이 과정에 동네 주민 세 명이 가담한 것으로 드러났다. 사고 당일 뺑소니 차량은 B씨가 모는 택시였다.

—

사건2: 운전석 아내 목 졸라 살해하고, 차는 낭떠러지로

경남의 한 한적한 도로. 8미터 높이의 낭떠러지에 위아래가 뒤집혀 흉하게 일그러진 승합차가 연기를 뿜고 있었다. 차 안에선 온몸이 상처투성이인 여성(당시 28세)이 숨진 채 발견됐다. 차는 남편 소유였다. 경찰 조사에서 남편은 "1개월 전 운전면허를 딴 아내가 못 미더워 차를 주지 않는데 아마 몰래 차를 몰고 나가 주행연습을 하다가 사고가 난 것 같다"며 자신을 원망했다. 검안의도 "탑승한 차량이 절벽 아래로 떨어져 사망한 듯하다"라는 진단서를 제출했다.

사건은 그렇게 마무리되는 듯했지만, 이어진 현장조사와 부검 과정에서 결과는 뒤집어졌다. 먼저 승합차가 추락했다는 낭떠러지 주변에는 마땅히 보여야 할 급제동의 흔적이 전혀 남아 있지 않았다. 오히려 급제동의 흔적은 사고현장과 조금 떨어진 언덕 위 평지에서 발견됐다. 이 타이어 자국은 사고 차량과 정확히 일치했다. 차량 운전자가 차를 급히 세우려 했던 곳은 낭떠러지가 아닌 평지였다는 이야기다. 사고현장은 운전이 미숙한 사람이라 해도 낭떠러지로 떨어지기는 어려운 구조였다.

피해자의 몸속에서 억울한 죽음의 흔적이 나왔다. 목에 옅은 끈 자국이 보였고, 눈꺼풀 결막과 구강 내 점막에는 질식의 증거인 일혈점이 나타났다. 얼굴 주변에 생긴 울혈 역시 단순히 사고 과정에서 생긴 피멍으로 보기 어려웠다. 목 안쪽 근육에서는 출혈이 나타났다. 부검 소견은 액사였다. 누군가 손으로 여인의 목을 졸라 사망에 이르게 했다는 말이다.

범인은 남편이었다. 평소 아내와 하루가 멀다 하고 다퉜던 그는 범행 당일 아내와 저녁식사를 같이한 뒤 주행연습을 시켜주겠다고 제안했다. 아내는 한 치의 의심도 없이 이에 응했다. 남편은 사고현장 인근에서 아내의 목을 졸라 살해한 뒤 운전석에 앉히고 차를 절벽으로 밀어 떨어뜨렸다.

교통사고 시 몸에 충격이 가해지는 순서

① 1차 손상

'범퍼 손상'이라고도 부르며, 주로 허리 아래나 다리뼈에 강한 충격을 준다. 버스 같은 큰 차량은 1차 손상만으로도 치명상을 줄 수 있다.

② 2차 손상

몸이 위로 뜨면서 차량 유리창이나 지붕, 보닛 등에 부딪쳐 생기는 충격을 말한다.

③ 3차 손상

보닛 위로 떠오른 피해자가 바닥에 떨어지면서 뇌출혈이나 경추골절 등 치명상을 입게 된다. 3차 손상 후 차 바퀴가 몸을 타고 넘는 것을 역과손상이라고 한다. 차가 몸통이나 머리를 지나면 치명적이다.

성전환 여성, 7년 만에 한을 풀다
죽을 때까지 여성이고 싶었던 여성

2001년 3월 3일 오후 1시, 울산 울주군 경부고속도로 하행선 397.5 킬로미터 지점. 도로 청소를 하던 환경미화원이 수풀 사이에 쓰러져 있는 알몸의 여성을 발견했다. 걸친 것은 검은색 스타킹이 전부였다. 목에는 2미터가량의 검정 끈이 감겨 있었는데, 목 주위를 여섯 바퀴나 휘감고 있었다. 경찰은 지문을 채취해 인적 사항을 확인하는 한편 국립과학수사연구원에 부검을 의뢰했다. 현장 정황상 타살 가능성이 커 보였다.

다행히 그녀의 몸은 타살의 흔적을 고스란히 머금고 있었다. 여성의 몸에서는 정액이 검출됐다. 목이 졸려지는 순간 방어한 흔적 탓인지 목 주위 피부가 벗겨진 큰 상처도 보였다. 피부 밑 출혈도 심했다. 누군가가 강하게 목을 졸랐다는 증거다. 얼굴엔 심한 울혈이 있었고, 눈꺼풀 결막에는 일혈점이 생겼다. 한눈에 봐도 외부 압박에 의한 질식사가 분명했다.

33

한국 역사상 최초의 성전환자 부검

부검의는 이상한 점을 발견했다. 그녀의 뱃속에는 자궁도 난소도 보이지 않았다. 그렇다고 자궁적출술 같은 것을 받은 흔적이 있는 것도 아니었다. 여성의 바깥쪽 생식기 모양은 여성이 맞았지만, 어딘가 일반적인 여성의 그것과는 좀 달라 보였다. 또 치골 주위에는 큰 수술을 받은 듯한 자국이 선명했다. 또 오른쪽과 왼쪽 가슴에는 각각 250씨씨와 230씨씨의 실리콘 주머니가 자리 잡고 있었다.

의학적으로 성性을 구별하는 방법은 세 가지다. 자궁과 같은 내부 생식기관, 성기와 같은 외부 생식기관, 마지막으로 염색체가 일치하는가 하는 것이다. 그런데 부검대 위의 여성은 속은 남성, 겉은 여성이었다. 국립과학수사연구원은 염색체 분석에 들어갔다. 치아의 법랑질에 있는 단백질인 애멜로게닌을 떼어내 검사한 결과 피해자의 23번째 성염색체에서 남성(XY) 염색체가 나왔다. 부검 후 경찰의 지문감식 결과도 남성이었다. 52세 남성 N씨로 판명됐다.

이 부검은 우리나라 역사상 최초의 성전환자 부검사례로 기록됐다. 결과적으로 이 사건은 "여성으로 성전환 수술을 받은 남성이 호적 정리를 하지 않은 상태에서 살해당한 것"으로 1차 정리됐다.

성전환 수술은 성동일성장애자GID의 마음속 성별이 몸과 일치하도록 맞춰주는 수술을 말한다. 남성에서 여성이 되는 경우(Male to Female; MTF)는 음경과 고환을 잘라내고 피부나 장을 사용해서 질을 만든다. 여성에서 남성이 되는 경우(Female to Male; FTM)는 유방 절제, 자궁과 난소를 적출한 후 피부이식 등을 이용해 음경을 만든다.

명쾌한 부검 결과와 달리 수사는 지지부진했다. 죽은 사람의 몸에서 나온 정액을 통해 용의자의 DNA를 채취하기는 했지만 경찰 용의선상에 오른 사람들과는 일치하지 않았다. 그나마 용의선상에 올릴 대상이 하나둘 무혐의가 확인되면서 사건은 영구 미제로 빠지는 듯했다.

이런 가운데 N씨의 비명횡사를 더 원통하게 만드는 일이 생겼다. 범인을 잡는다 해도 '살인' 혐의는 처벌할 수 있지만 '강간' 혐의는 인정받을 수 없다는 점이었다. 형법 제297조는 "폭행 또는 협박으로 부녀를 강간한 자는 3년 이상의 유기징역에 처한다"고 밝히고 있는데, 이는 뒤집어보면 피해자가 '부녀'가 아니라면 가해자를 강간으로 처벌할 수 없다는 해석이 가능하다.

그나마 선택할 수 있는 법적 선택은 '강제추행'. 일반적으로 강제추행을 했을 때 받는 형량은 6개월~2년으로 강간을 했을 때 받는 기본 형량 2년 6개월~4년 6개월의 절반에도 못 미친다. 형량이 가벼우면 죄를 대하는 사회적 무게감도, 범죄자들의 죄책감도 가벼워지기 마련이다. 이런 이유로 성전환자들은 사회에서 성폭력에 노출되는 일이 잦은 게 사실이었다. 강간을 하더라도 동성을 상대로 한 추행 정도로 치부하는 게 우리 사회의 인식이기 때문이다.

그로부터 7년여가 지난 2008년 6월 18일. 전남 광양경찰서 형사계에 이모(당시 39세) 씨가 폭행 혐의로 붙들려왔다. 이씨는 자신이 평소 따라다니던 식당 여종업원 하모(43세) 씨 집에 몰래 들어갔다가 이를 따지러 온 하씨의 아들과 친구를 때린 혐의로 입건됐다. 경찰서에서 이씨는 "무단침입은 물론 폭행 혐의도 사실무근"이라고 주장했다. 이씨가 성폭력 전과가 있다는 점 등을 고려해 경찰은 하씨 집 앞에서 발견된 담배꼽초와 이씨의 구강 상피세포를 국립과학수사연구원에 보냈다.

뜻하지 않은 결과가 나왔다. 이씨의 상피세포 유전자형이 7년 전 N 씨의 시신에서 발견했던 정액의 유전자형과 일치했다. 7년간 풀리지 않던 강력범죄의 미스터리는 이렇게 우발적으로 종지부를 찍었다.

법보다 늦게 변하는 것이 사람들의 편견(?)

그로부터 다시 1년이 흘렀다. 죽은 N씨가 반길 만한 대법원 판결이 나왔다. 호적상 남자 성전환자라 해도 강간의 피해자로 인정해야 한다는 판결이었다. 대법원은 "피해자는 어릴 때부터 여성으로서 성적 정체성을 갖고 살아오던 중 성전환 수술을 받았고, 여성으로 성적 정체성을 보유하고 있다면 형법이 정한 강간죄의 객체인 부녀에 해당한다"고 판단했다.

1996년 비슷한 사건에 대해 "성염색체가 남성이고 여성과 내외부 성기의 구조가 다르며 여성으로서 생식능력이 없는 만큼 트랜스젠더 피해자는 부녀로 볼 수 없다"고 했던 법원 판결을 180도 뒤집은 것이었다.

그녀가 죽은 지 12년, 결국 법도 바뀌었다. 2012년 11월 국회는 기나긴 논의 끝에 성폭력범죄의 처벌 등에 관한 특례법과 아동·청소년의 성보호에 관한 법률 등 5개 법안을 개정했다. 사라진 친고죄 조항에 묻혀 많은 언론들이 주목하지는 않았지만, 바뀐 법조문 안에는 과거 '부녀'라고 표현했던 피해 대상이 '사람'으로 바뀌어 있다. N씨의 시신 부검에 참석했던 법의관은 "성전환자에 대한 개인적 편견을 바꿀 수 있는 사건이었던 것으로 기억한다"면서 "뒤늦게나마 억울하게 숨진 N씨가 한을 풀게 된 것 같아 다행이긴 하지만, 사회적 편견은 그때나 지금이나 별 차이가 없는 듯하다"고 말했다.

초미니 흔적 '미세증거물'

대변 속 100억분의 1그램 DNA, 난관 속 사건 푼 '최후의 단서'

미국 드라마 〈CSI Crime Scene Investigation〉 시리즈의 시청률이 올라갈수록 수사당국은 괴로워진다. 사람들의 법의학 지식을 마구 늘려주기 때문이다. 범죄자들이 아는 게 많아지면 그들이 현장에 남기는 흔적은 갈수록 희미해질 수밖에 없다. 하지만 아무리 그렇다 해도 현장에 아무것도 안 남길 수는 없다. 아주 작은 무엇이라도 남는다. 법의학에서는 이런 초미니 흔적들을 '미세증거물 LCN, Low Copy Number'이라고 부른다. 현미경으로나 보이는 극미세 증거가 때로는 범인 검거에 결정적 한 방으로 작용한다.

처참하게 살해된 천안 모녀

2009년 3월 19일 오전 7시 38분, 충남 천안의 주택가. 유모(당시 70세) 씨가 다급한 비명을 듣고 밖으로 뛰쳐나갔다. 옆집이었다. 앞마당에는 이 집의 딸(당시 20세)이, 안방에는 엄마(당시 48세)가 피를 흘리며 쓰러져 있었다. 119가 출동했지만 두 명 모두 숨을 거뒀다. 사인은 출혈성 쇼크사. 주검은 처참했다. 범인은 특히 이 집의 엄마에게 원한이 많은 듯했다. 목과 등, 스무 곳에 걸쳐 상처가 나 있었다. 딸은 왼쪽 가슴과 팔 등 다섯 곳을 베였다. 곳곳에는 범인의 것으로 보이는 피 묻은 족적이 있었다. 경찰은 일단 치정 살인에 무게를 뒀다. 경찰은 150여 점의 현장 혈흔을 포함해 200여 개의 방대한 증거품을 국립과학수사연구원에 보냈다. 증거가 많은 만큼 사건이 쉽게 해결될 것이라고 믿었다.

———

증거품 200여 개, 단서 없음!

이튿날 서울 양천구 신월동 국립과학수사연구원 유전자분석실. 증거는 많았지만 단서가 될 만한 것은 없었다. 용의선상에 오른 피해자의 주변인물 10명의 구강 상피세포를 채취해 비교했지만 현장 증거와 일치하는 것은 없었다. 범인의 족적도 개수만 많을 뿐, 발 치수 외에는 아무것도 알려주지 않았다. 통상 살인사건에서 피 묻은 증거품이 많으면 단서가 될 만한 것 역시 많을 것으로 생각하기 쉽다. 하지만 지나치게 유혈이 낭자하면 피해자의 혈흔이 다른 증거들을 오염시키고 훼손하게 된다. 이 사건이 딱 그랬다.

난관에 부딪친 국립과학수사연구원은 마지막으로 '최고로 구린 녀석'에게 기대를 걸어보기로 했다. 피해자의 집 뒤뜰에 똬리를 틀고 있던 대변이었다. 경찰은 대변 주변에서 발견된 족적이 사건현장의 혈흔 족적과 일치한다는 점에서 그게 범인의 것이라고 판단하고 있던 터였다. 대변은 변질을 막기 위해 아이스박스에 냉장된 상태로 이송됐다.

대변에 섞여 있던 범인의 DNA

이제 해야 할 일은 대변 속에 담긴 '범인의 DNA'를 찾아내는 것이었다. 작업은 간단치 않았다. 사실 순수한(?) 대변은 그 자체로는 인간의 DNA를 품고 있지 않다. 음식이 사람의 뱃속에서 다른 형태로 바뀐 것일 따름이기 때문이다. 대변에서 채취해야 하는 것은 주인의 몸을 빠져 나오는 동안 표면에 묻는 장腸 상피세포다. 사람 몸에서 쉽게 DNA를 확인할 수 있는 세포조직은 혈액, 정액, 타액, 모발, 뼈, 오줌, 구강 상피세포 등이 대표적이다.

연구원들은 우선 대변을 꽁꽁 얼린 뒤 면봉으로 겉을 꼼꼼하게 닦아냈다. 대변의 속보다는 표면에 상피세포가 더 많이 붙어 있기 때문이다. 추출한 세포를 원심분리기와 증폭기에서 돌렸다. 얼마 후 대변의 주인이자 DNA의 주인인 범인이 밝혀졌다.

이웃집 남성 천모(55세) 씨였다. 천씨는 살인에 썼던 도구를 몰래 버리는 모습까지 경찰에 발각되자 순순히 범행 일체를 자백했다. 천씨는 "죽은 여인이 내가 과거 절도범으로 감옥에 갔다 온 사실을 내 애인 등에게 떠벌리고 다녀 이를 따지러 갔다가 홧김에 살해했다"고 경찰에서 진술했다. "고등학교 3학년인 아들에게 아버지가 전과자인 것이 들통나는 것이 미치도록 싫었다"고도 했다.

카펫섬유·모발… 작은 게 장점이자 단점

미세증거물의 종류는 다양하다. 피해자를 말았던 카펫에서 나온 섬유, 신발 밑창에 묻은 먼지, 성폭력 피해자의 몸에서 발견된 모발, 범행

도구에 묻은 페인트 등이 말하자면 모두 미세증거물이다. 대변은 미세 증거물 중에서도 아주 독특한 경우다.

'모든 접촉은 흔적을 남긴다'는 말처럼 대부분 미세증거물은 피해자 와 가해자가 접촉하는 과정에서 생성된다. 눈에 안 띌 정도로 작다는 것 은 범인에게나 수사관에게 단점이 될 수도, 장점이 될 수도 있다. 수사 관이 현장에서 증거품으로 발견하기가 어려운 만큼, 범죄자가 흔적으 로 남겨놓을 가능성 또한 높기 때문이다. 과학과 의학의 발달 덕에 현재 수사당국은 사람들이 통상 생각하는 것 이상으로 미세한 물품에서도 증거를 가려낼 수 있다. 100피코그램(pg, 100억분의 1그램)만큼의 극미 세 DNA도 검출해 주인을 가려낼 수 있다. 물론 오염도 쉽고 분해되는 일도 많은 DNA가 원래 특성을 온전히 유지하고 있을 경우에 한해서다.

———

범인의 대변은 긴장 탓? 미신 탓?

천씨는 왜 화단에서 일을 본 걸까. 사건을 수사했던 경찰관은 "본인 은 우발적인 범행이라고 주장하지만 새벽 시간에 흉기를 품에 지니고 피해자 집에 간 점 등을 감안할 때 사전에 계획된 범행이었다"면서 "아 무리 간 큰 범죄자도 범행 전엔 긴장하기 마련인데, 이 때문에 천씨의 뱃속에서 꼬르륵 신호가 왔던 모양"이라고 했다. 다른 경찰관은 '절도 범의 미신' 때문으로 추측했다. 그는 "절도범들은 범행현장에서 대변을 보면 경찰에 잡히지 않는다고 믿는데, 과거 절도 경력이 있던 천씨가 그 대로 따라했을 수 있다"고 했다.

실제 이런 미신을 믿고 범행현장에 대변을 보고 나오는 범인들이 적 지 않다. 2010년 초 연이은 강도와 강간 행각을 벌이다 검거된 서모(당시 37세) 씨도 그중 하나다. 당시 경찰은 인천과 서울 등 주택가를 돌면서 냄새를 풍기며 범행 행각을 벌이는 한 강도를 쫓고 있었다. 그가 범행을 하고 떠난 현장에는 어김없이 대변이 남아 있었다. 냄새나는 그의 범죄 행각은 3년여 만에 끝났다. 경찰에 잡힌 서씨는 "절도현장에 대변을 보면 잡히지 않는다는 이야기를 믿고, 가는 곳마다 대변을 봤다"고 말했다.

정관수술한 연쇄성폭행범

'씨 없는 발바리' 과학수사 얕봤다

어렵게 확보한 범인의 흔적 '무용지물'

성폭행범이 범죄현장에 남기는 정자는 동전의 양면과 같다. 한 사람의 몸과 마음을 파괴하는 '죄악의 흔적'이기도 하지만, 범인을 붙잡아 사회정의를 실현하기 위해 반드시 확보해야 할 '수사의 열쇠'이기도 하다. 하지만 이렇게 중요한 증거물이 감쪽같이 사라지는 경우가 있다. 수사당국을 당혹스럽게 만드는 순간이다.

2010년 말, 경북 구미경찰서 강력팀에 비상이 걸렸다. 관내에 성폭행 사건이 잇따라 발생한 것이다. 주로 원룸과 아파트 1, 2층에 혼자 사는 부녀자들을 상대로 한 범행이었다. 범인은 동일인으로 추정됐다. 피해자들이 전하는 인상착의나 범행수법이 그랬고, 일부 확보된 폐쇄회로(CC)TV 화면도 이를 뒷받침했다.

이 30대 '발바리'(연쇄성폭행범)는 초기에는 주로 새벽 3~4시대에 활동하더니 범행시간을 아침으로 옮기는 등 갈수록 대담해졌다. 그중에서 경찰을 가장 당혹스럽게 한 것은 범인의 정액에서 도통 DNA를 확인할 수 없다는 점이었다. 증거물에서 매번 남성의 정액은 확인됐지만 정작 그 안에서 DNA는 검출되지 않았다. 정자가 없었기 때문이다.

무의미한 반복에서 다름을 잡아내는 첨단기술

범행 증거물을 아무리 서둘러 채취해도 결과는 마찬가지였다. 보통 남성의 정자 속 DNA는 여성의 몸속에서 72시간이 지나면 증거 능력을 상실한다. 여성의 몸 안에 있는 효소가 화학작용을 일으키면서 정자의 DNA를 분해하기 때문이다. 성폭력사건은 이런 이유에서 빠른 증거 채취가 중요하다. 그나마 다행히 사람의 몸 밖으로 나와 바닥이나 벽, 의류 등에 묻은 정액의 증거 능력은 몇 년을 간다. 말라붙은 상태로 고유의 특성을 보존하기 때문이다.

빌 클린턴 미국 전 대통령의 '르윈스키 스캔들'에서 대표적인 예를 찾을 수 있다. 인턴사원 모니카 르윈스키가 클린턴과의 부적절한 관계를 말하면서 증거로 제시한 것이 그녀의 드레스였다. 두 사람의 신체접촉은 이미 2년이나 흐른 상태였지만, 그녀의 드레스에 말라붙은 클린턴의 정액은 주인의 DNA를 온전히 품고 있었다. 2011년 5월, 호텔 여종업원과의 성 추문으로 미국 뉴욕에서 체포된 도미니크 스트로스 칸 국제통화기금IMF 전 총재도 여성의 셔츠에 튄 정액이 결정적 증거로 작용했다.

통상 남성의 정액은 물에 400배까지 희석해도 증거물로서 유효하다. 미량으로도 DNA를 규명해 범인을 밝혀낼 수 있다는 이야기다. 그 결정적인 단서는 정액에 다량으로 들어 있는 산성 인산화효소PAP, Prostatic acid phosphatase다. 현대과학은 이 효소를 정밀 분석해 범인을 쫓는다.

현장에서 수거한 증거물들은 그 특성상 DNA의 양이 극히 적을 수밖에 없는데, 이때 필요한 기술이 증폭이다. 주로 중합효소연쇄반응PCR, polymerase chain reaction이라는 기법이 자주 쓰인다. PCR은 유전자를 통한 신원확인뿐만 아니라 유전자 복제, 유전 치료, 고고학 등에 광범위하게 쓰인다. 영화〈쥐라기 공원〉에 나오는 원시시대 호박 속에 갇힌 흡혈 모기에서 공룡의 피를 빼내 실제 공룡을 복원한다는 설정도 PCR 기법이 있기에 가능한 설정이다.

이렇게 증폭된 DNA 정보는 개인 식별을 위해 짧은 염기 반복STR, Short Tandem Repeat을 비교하게 된다. 사람의 유전체 속에서는 TAGTAG TAGTAGTAG처럼 무의미하게 반복되는 염기서열을 흔히 볼 수 있다. 그런데 어떤 사람은 TAG가 10번, 어떤 사람은 20번을 반복하는 등의 차이가 있다. 이렇게 무의미해 보이는 염기서열의 반복은 다른 사람과는 물론 한배에서 태어난 형제나 자매와도 확연한 차이를 보인다. 이를 도식화한 것이 바로 DNA 지문이다. 보통 상염색체나 성염색체 위에 2~5개의 같은 염기서열을 10개 정도 비교하는데, 이럴 경우 동일한 DNA형을 가질 확률이 수십억에서 수조분의 일로 줄어든다. 즉 통계학적으로는 전 세계적으로 같은 DNA를 가진 사람은 한 명도 존재할 수 없다는 계산이 가능하다. 예외는 있다. 일란성쌍둥이나 일부 이란성쌍둥이는 DNA 지문까지 동일하다.

—

"정관수술한 30대를 잡아라!"

다시 사건으로 돌아와서, 구미경찰서 강력팀은 증거물 속에서 정자가 확보되지 않자 "범인이 무정자증 환자이거나 정관수술을 받은 남자일 것"이라는 쪽으로 수사 방향을 잡았다.

정액은 크게 정자와 이를 감싸는 액체 성분으로 구성된다. 보통 DNA는 액체가 아니라 정자의 머리에 위치한다. 수술을 통해 정자가 이동하는 통로인 정관을 막아버린 사람의 정액에서 DNA를 확보하기가 어려운 이유다. 하지만 완전범죄는 없는 법. 국립과학수사연구원은 남성의 유전자형만 선택해 증폭할 수 있는 장치를 이용, 극미량의 요도 상피세포를 바탕으로 범인의 DNA를 검출해내는 데 성공했다. 이제 남은 것은 그 DNA의 주인을 찾는 일이다.

경찰은 관내 병원들을 상대로 과거 정관수술을 받은 경력이 있는 사람들을 찾아내기 시작했다. 용의자들이 하나둘 압축됐고 수사는 막바지를 향해 달려가고 있었다.

—

허무하게 마무리된 과학수사의 개가

하지만 과학수사의 개가는 허탈하게 결론 났다. 2010년 12월 22일 밤, 구미경찰서에 30대 여성의 다급한 신고가 들어왔다. 전화기 속 여성은 숨죽인 목소리로 "나를 성폭행한 남자가 지금 집에 있다"고 했다. 경찰이 신고자의 2층 빌라를 급습한 순간, 범인 유모(당시 30세) 씨는 피해자의 방에서 잠을 자고 있었다. 이날 오후 6시 40분쯤 술에 취해 여성의 집 안으로 들어온 그는 성폭행을 한 뒤 취기가 올라 잠에 빠져들었다.

유씨는 구미의 한 기업에서 근무하는 평범한 직장인으로 두 아이의 아버지였다. 예상대로 그는 피임을 위해 몇 년 전 정관수술을 받았던 것으로 밝혀졌다.

경찰 관계자는 "일부 성폭행범들은 피해자들에게 자기는 정관수술을 받았으니 신고해도 소용없다는 식으로 말하는 등 뻔뻔함을 보이기도 한다"면서 "하지만 최근에는 정자가 없어도 범인의 DNA를 쉽게 뽑아낼 수 있을 정도로 기술이 발달한 데다 오히려 유씨 같은 무정자 성폭행범은 정관수술을 한 사람 등으로 범위를 좁힐 수 있어 검거하기가 더 쉬운 측면이 있다"고 했다.

한번 발바리는 영원한 발바리?

일선 형사들은 속칭 발바리는 약쟁이(마약중독자)만큼이나 재범의 유혹에서 벗어나지 못한다고 말한다. 다수의 발바리들은 자신이 저지르는 짓거리가 비열하고 치졸하다는 것을 잘 알고 있다. 그럼에도 멈추지 못한다. 이미 범죄 자체가 주는 쾌락에 중독된 것이다. 그만큼 재범률도 높을 수밖에 없는데 학계에선 성범죄로 수감생활을 마친 후 5년 이내에 다시 성범죄를 저지르는 비율을 10~15퍼센트로 보고 있다. 2010년 한 해 강간범으로 검거된 사람 1만 7646명 가운데 46.7퍼센트인 8,237명이 재범자였다.

연구에 따르면, 연쇄강간범은 스스로 짜놓은 각본대로 범행을 진행한다. 강간범의 3분의 1 정도는 성기능장애를 보인다고 한다. 범행 과정에서는 질 내 삽입이나 구강성교를 강요하지만 실제로는 이런 성행위 자체로 얻는 만족은 생각만큼 높지 않다고 한다. 긴장하거나 상황이

여의치 않아 사정에 실패하는 일도 많지만, 그렇다고 범행에 실패했다고 여기지는 않는다. 범행 대상을 정해 계획을 세우고 성폭행을 준비하고 상상하는 등의 과정에서 느끼는 짜릿함을 잊을 수 없기 때문이다.

　정작 강간을 범한 후 자신의 행위가 뉴스 등을 통해 소개될 때 후회나 죄의식, 두려움 등에 쌓여 술이나 약물을 사용하는 일도 잦다. 그만큼 강간범들은 세상의 생각보다 소심하고 마음이 약한 경우가 많다. 강덕지 전 국립과학수사연구원 범죄심리과장은 "연쇄강간을 저지르는 이들의 공통점은 실제 강간을 하는 행위보다는 범행을 계획하고 준비하고 실행하는 과정에서 심리적인 쾌감을 극대화해 즐기는 경우가 많다는 점이다. 이들이 이렇게 한번 경험한 스릴은 다른 범행을 계획하고 이어가는 이유가 된다"고 말했다.

핏자국 속 엽기 살인범의 족보

혈흔 속 성性염색체로 '악마의 성姓'을 찾아내다

가까스로 목숨을 부지한 Y(당시 45세, 여성)씨는 범인의 인상착의도 제대로 기억해내지 못했다. 잔혹의 끝을 보았기에 기억을 되돌리는 것은 그 자체로 고문이었다.

2007년 4월 15일 오전 8시 45분, 대전 대덕구의 한 건물 지하 1층 P다방.

문을 열자마자 30대 남자가 거칠게 안으로 들어왔다. 내부에는 종업원 C(당시 47세, 여성)씨뿐이었다. 약간의 몸싸움이 있은 후, 날카로운 흉기가 C씨의 목을 갈랐다. C씨는 외마디 비명을 지른 채 화장실 바닥에 쓰러졌다. 변태성욕자였던 남자는 더운 피를 쏟고 있는 시신을 훼손하기 시작했다.

얼마 후 Y씨가 다방에 출근했다. 느낌이 이상했다. 문이 활짝 열려 있었고, 계산대에 있어야 할 C씨가 보이지 않았다. 고개를 돌리는 순간 범인과 눈이 마주쳤다. 범인은 다시 칼을 휘둘렀다. 다행히 목숨은 구했지만 Y씨는 몸과 마음에 평생 지워지지 않을 상처를 입고 말았다.

———

500미터 밖에 떨어진 피 묻은 휴지, 검정색 점퍼 그리고 점안액

경찰은 특별수사팀을 구성했다. 살인현장인 다방에서 50여 개의 증거물을 수집했다. 하지만 딱 부러지는 단서는 나오지 않았다. 결정적인 증거물은 오히려 현장 밖에서 나왔다. '이쯤에서 버려도 된다'고 생각했는지 범인은 다방에서 500미터 떨어진 도로변에 피 묻은 휴지를 버렸다. 1.5킬로미터 더 떨어진 금강 변에서는 범인의 것으로 보이는 검정색 점퍼가 발견됐다. 주머니 속에서 찾아낸 것이라곤 점안액 하나였다. 범인은 강을 따라 도주한 듯했다.

국립과학수사연구원으로 넘어온 점퍼는 육안으로는 혈흔을 발견할 수 없었다. 흐르는 강물이 피의 흔적을 지운 듯했다. 그렇다면 이제 기대를 걸어볼 것은 '루미놀luminol' 시험. 미국 수사드라마 〈CSI〉 시리즈에도 자주 나오는 루미놀은 사건현장에 남은 혈흔을 극소량까지도 찾아낼 수 있는 물질이다. 물이 가득 찬 양동이에 단 한 방울의 혈액만 떨어져도 DNA를 감별할 수 있을 만큼 감도가 뛰어나다. 이 때문에 주로 범인이 핏자국을 감추기 위해 증거물 세탁을 시도했을 때 유용하다. 특히 신선한 혈액보다 시간이 지난 혈흔에 더욱 강하게 반응하는 특성이 있다. 루미놀 용액과 과산화수소수 혼합액을 핏자국이 있을 만한 자리에 뿌리면 된다. 피가 있는 자리라면 화학반응에 일시적인 발광현상을 일으켰다가 사라진다.

다행히 성과가 있었다. 피 묻은 휴지와 점퍼에서 숨진 C씨의 것 말고 정체를 알 수 없는 한 남성의 DNA가 동시에 검출됐다. 이제 남은 일은 그 주인을 찾는 것이다.

피 한 방울이면 범인의 성씨를 알 수 있다!?

하지만 이후 수사는 제자리걸음을 했다. 용의자의 DNA만 확보했을 뿐, 이것을 누구와 비교할지 막막했다. 이런 가운데 국립과학수사연구원의 다른 실험실에서는 범인을 쫓는 새로운 분석이 한창이었다. 성性염색체인 Y염색체를 이용해 범인의 성姓이 김씨인지 이씨인지 박씨인지를 가려내는 시도였다. Y염색체는 남성에게만 존재하기 때문에 아버지로부터 아들에게만 유전된다. 우리나라처럼 아버지의 성을 이어받는 사회에서는 Y염색체의 유전적 지표STR, Short Tandem repeat를 분석해 공통점을 찾는다면 범인의 성씨를 특정할 수 있다고 국립과학수사연구원은 판단했다.

국립과학수사연구원은 1차로 자체 보유하고 있던 동종 전과자 등 1,000명의 Y염색체 STR 데이터베이스를 분석했다. 그 결과, 범인의 Y염색체 단상형이 오嗚씨 성을 가진 두 명과 일치했다. 국립과학수사연구원은 사건현장 인근에 오씨 집성촌이 있다는 사실을 확인하고 2차 분석에 들어갔다. 집성촌 주민 19명의 동의를 얻어 상피세포를 분석했다. 역시 Y염색체는 특정 부위에서 공통점을 나타냈다. 국립과학수사연구원은 결국 수사팀에 "용의자는 오씨일 가능성이 크다"고 통보했다.

사건발생 50여일 만인 6월 4일, 경찰은 경기 광명시에 숨어 있던 범인 오모(당시 35세) 씨를 검거했다. 그는 1989년 충남 연기군에서 할머니와 어린이 등 세 명을 살해한 죄로 15년을 복역하고 2년 전인 2005년에 만기 출소한 상태였다. 17년 전 범행 때에도 시신에 몹쓸 짓을 하는 등 수법이 비슷했다. 오씨는 "돈이 떨어지자 교통비를 마련하기 위해 다방에 들어가 금품을 빼앗은 뒤 사람을 죽였다"고 자백했다. 시신에 변태적인 방법으로 성욕을 푼 사실도 인정했다.

당시 수사경찰은 "범인의 점퍼에서 점안액이 나왔는데, 그 안약이 의사 처방전이 있어야 살 수 있다는 점에 착안해 병원 기록을 추적하며 포위망을 좁혀 갔다"면서 "이 과정에서 용의자가 오씨라는 국립과학수사연구원의 분석은 불특정다수인 점안액 구매자들 가운데서 용의선상 인물을 압축하는 데 큰 도움을 주었다"고 말했다.

지금 같으면 범인이 오씨라는 것을 보다 쉽게 확인할 수 있다. 2010년 7월 DNA법(DNA 신원확인정보의 이용 및 보호에 관한 법률)이 시행되면서 검찰과 경찰이 강력범죄자의 DNA를 채취해 보관하고 있기 때문이다. 해당 범죄는 살인, 아동·청소년 상대 성폭력, 강간·추행, 강도, 방화, 약취·유인, 특수체포·감금, 상습폭력, 조직폭력, 마약, 특수절도 등 11종이다. 형이 확정된 수형자나 구속영장이 발부된 피의자가 대상인데 만약 대상자가 채취를 거부한다면 DNA감식시료채취영장을 발부받아 강제로 채취할 수 있다. 하지만 2007년 오씨가 출소할 때만 해도 이 같은 범죄자 DNA은행제도가 도입되지 않은 상태였다.

하지만 DNA를 통한 성씨 규명이 늘 성공하는 것은 아니다. 규명 과정에서 오류가 생길 수 있기에 참고용일 뿐, 직접적인 증거로 이용될 수는 없다. 현실에서는 성씨가 생물학적으로만 결정되지 않기 때문이다. 예를 들어 아이를 입양했다든지, 부인이 외도를 통해 임신을 했다든지, 조상들이 중간에 성을 바꿨다든지 하는 변수가 존재할 수 있기 때문이다. 국립과학수사연구원 관계자는 "한국인의 5대 성씨(김, 이, 박, 최, 정)는 본관 또한 워낙 다양해 부계 유전의 일관성이 결여되는 약점도 있다"면서 "염색체를 이용해 성씨를 판별하는 것은 수사에서 제한적이고 보조적인 수단으로만 활용해야 한다"고 말했다.

——

히틀러와 성격이 비슷한 사람들, 네크로필리아

자신이 살해한 시신에 몹쓸 짓을 하는 이상행위를 범죄심리학에서는 네크로필리아necrophilia라고 부른다. 그리스어로 '시체' 또는 '죽음'을 뜻하는 '네크로스nekros'와 '친숙함' 또는 '우정'을 뜻하는 '필리아philia'의 합성어다. 한국어로는 시체애호증·시간증屍姦症·시체애屍體愛·시체성애증屍體性愛症 등으로 불린다. 성적 쾌감을 얻기 위해 시체를 대상으로 성교나 자위를 하는가 하면 시체를 훼손하기도 한다. 그저 곁에 보관하기만 하는 경우도 있다. 실제 미국에서는 살해한 여인을 방부처리한 뒤 자신의 침대 밑에 보관하다가 퇴근 후 주기적으로 성행위를 한 엽기적 사건이 있었다.

네크로필리아는 1886년 독일의 정신의학자 리하르트 폰 크라프트에빙Richard Freiherr von Kraft-Ebing이 그의 저서에서 처음 언급했다. 이후 독일의 정신분석학자 에리히 프롬Erich Fromm은 네크로필리아를 일종의 성격적 유형이라고 분석했다. 그는 저서에서 "모든 죽어 있는 것, 썩은 것, 타락한 것에 열광적으로 끌리는 성향이요, 살아 있는 것을 죽은 것으로 변모시키려는 정열이며, 파괴를 위하여 파괴하려는 정열"이라고 정의했다. 이런 성격에 속하는 대표적인 인물로 히틀러를 꼽았다. 미국 정신의학회American Psychiatric Association는 이를 성도착증으로 규정한다.

한 가지 짚고 넘어가야 할 부분이 있다. 일부 악질적인 범죄자들이 네크로필리아를 감형을 받는 도구로 이용한다는 점이다. 워낙 엽기적인 행위라 재판 과정에 스스로 시간屍姦 등을 인정하면 정신병으로 분류되기 쉬워진다고 판단해서다. 익명을 요구한 한 베테랑 형사는 "극히 일부겠지만 치밀하고 지능적인 범죄자들은 자신을 정신병으로 몰아 감형을 받기 위해서 시신을 훼손하기도 한다"면서 "법원에서 감형 등을 판단할 때 신중에 신중을 기해야 하는 이유"라고 말했다.

지능적 칼잡이는 '치명적 급소'를 노린다
왜 조폭은 가수 남진의 허벅지를 찔렀나?

1989년 11월 4일 오후 9시 50분, 서울 중구 장충로 2가 타워호텔. 호텔 카바레에서 공연을 마친 가수 남진(당시 43세)은 일본 연예계 인사와 함께 주차장으로 향하고 있었다. 그때 건장한 20대 남자 세 명이 몰래 그 뒤를 따라갔다. 남진이 승용차 오른쪽 뒷좌석에 오르려는 순간, 그들 중 한 명이 예리한 흉기를 품속에서 꺼내 남진의 왼쪽 허벅지를 깊숙이 찔렀다. 남진은 인근 순천향병원으로 옮겨졌고, 다행히 생명에는 지장이 없었다.

다음 날 신문 사회면에 남진 피습 기사가 실렸지만, 그리 크게 보도하지는 않았다. 남진의 전성기가 이미 지난 때였다고는 해도 한 시대를 풍미한 스타로서 다소 섭섭할 수도 있는 상황이었다. 이유는 간단했다. 괴한이 공격한 신체 부위가 배나 가슴이 아니라 허벅지였다는 점에서 언론사들이 덜 위중하게 여겼던 것이다. 허벅지를 찔렀다는 것은 생명을 노렸다기보다는 그저 겁을 주기 위한 목적이라고 판단했을 수 있다. 이 사건은 그렇게 사람들의 기억에서 잊혔다.

조폭들의 '허벅지 테러'

하지만 이상한 점은 조직폭력배들의 칼부림이 있을 때 유독 허벅지를 노려 공격하는 경우가 많다는 것이다. 허벅지는 피를 보면서도 최악의 결과로는 치닫지 않아 상대를 겁주기에 알맞다는 판단에서일까. 법의학자들은 그 반대라고 말한다. 허벅지 테러는 칼을 꽤 다룰 줄 아는 전문가들의 지능적인 살인 수법이라는 것이다. 아래 사례를 보면 무슨 뜻인지 짐작할 수 있다.

사건1

2003년 7월 17일 오전 6시 40분쯤, 서울 논현동 대로변 포장마차. A(33세)씨 등 세 명이 흉기로 B씨의 허벅지를 찔렀다. 채권·채무 문제로 서로 심하게 다투다 A씨 일행이 미리 준비한 흉기로 B씨의 허벅지를 여러 차례 찔렀고, B씨는 병원으로 옮겨지던 중 과다출혈로 사망했다.

사건2

1992년 4월 12일 오후 11시, 전주 완산구의 한 당구장. 폭력조직 W파 행동대원 김모(24세) 씨가 경쟁 조직 N파 소속 두 명이 휘두른 흉기에 찔려 그 자리에서 숨졌다. 범인들은 2층 당구장으로 올라가는 김씨의 뒤를 노렸다. 목격자는 경찰에서 20대 청년 두 명이 당구장 계단에서 흉기로 김씨의 양쪽 허벅지를 10여 차례 찌른 뒤 길에 대기시켜둔 승용

차를 타고 달아났다고 진술했다.

　두 사건 모두 피해자가 과다출혈로 사망했고, 범인들이 노린 것은 허벅지였다. 국립과학수사연구원 관계자는 "조직폭력배가 낀 테러사건일수록 피해자의 자상이 허벅지 부위에 생기는 경우가 많다"면서 "조폭들이 허벅지 부위를 공격하는 이유는 대퇴부의 동맥이나 정맥을 끊어 상대에게 치명적인 상해를 가할 수 있는 반면, 나중에 자신은 재판정에서 죽이려는 의도는 없었다고 변명할 여지를 남길 수 있기 때문"이라고 했다. 살해를 하더라도 살의는 감추려는 의도가 숨어 있다는 말이다. 이런 이유로 검찰은 최근 들어 조직폭력배 등이 관련된 이 같은 범행에 대해 처벌을 강화하는 분위기다.

　의학적으로 아무리 건강한 사람이라도 전체 혈액 중 20~30퍼센트를 쏟으면 심한 쇼크상태에 빠진다. 40퍼센트 이상 피를 쏟으면 2~3시간을 버티기가 힘들다. 물론 그 이상이 되면 사망에 이른다. 하지만 그 과정은 크게 두 가지로 나뉜다. 실제 많은 피가 빠져나가 사망하는 '실혈사失血死'와 출혈을 하는 동안 급하게 혈압 등이 떨어져 사망하는 '실혈성 쇼크사'다. 피를 흘린 채 오랜 시간 방치될 경우에는 실혈사로, 대동맥 등이 절단돼 한꺼번에 급격히 피가 빠져나갈 때는 실혈성 쇼크사로 사망한다.

전문가의 칼 솜씨는 다르다?

　허벅지는 살이 많다는 이유로 갖은 수난을 겪어왔다. 역사 속의 태형笞刑도, 학교의 체벌도 주로 허벅지나 엉덩이에 집중됐다. 하지만 '매에는 장사가 없다'는 말처럼 많이 맞으면 신체 어느 부위를 막론하고 사망에 이를 수 있다. 조선시대 등에서 곤장을 맞고 장독杖毒으로 죽는 게 이런 경우다. 현대의학에서는 외상성 쇼크Traumatic Shock라고 부르는데, 맞은 부위에 피가 집중적으로 몰려 혈액 순환량이 떨어져 사망하는 것이다. 반복해서 매를 맞으면 연조직軟組織 사이로 상당한 출혈이 일어난다. 비록 몸 바깥으로 피가 터져나오는 것은 아니지만, 혈관을 돌아다녀야 하는 피가 몸 안에서 제 역할을 못하게 되는 식이다. 가끔 뉴스를 보면 종교집단 등에서 병을 고쳐주겠다며 몸을 때리는 안수기도를 하다가 사람이 죽는 일이 발생하는데 비슷한 경우다. 의학계에서는 몸 전체 면적의 30퍼센트 정도에 멍이 들었을 때 사망에 이를 수 있다고 지적한다.

"상처가 깊고 예리한 것을 보니 정확히 급소를 노렸네요. 전문가의 솜씨입니다." 영화를 보다 보면 부검의가 시신에 남은 칼자국을 보고 형사에게 흔히 이렇게 툭 던진다. 과연 전문가의 칼 솜씨라는 것이 존재할까. 부검의들은 이른바 '전문 칼잡이'가 낸 자상은 한 해 수백 구의 시신을 부검하는 의사들도 실제로 보기 어렵다고 한다. 국립과학수사연구원 관계자는 "영화에서처럼 사람 죽이는 일이 직업인 사람이 현실에서는 흔치 않은 만큼, 일반적으로는 살인자라도 심리적으로 동요하는 주저흔躊躇痕, hesitation mark이 남기 마련"이라고 했다. 현실이 영화 같지 않은 것이 그나마 다행이다.

최근 한 방송 프로그램에 출연한 남진은 "이젠 가해자와 형님, 아우 하면서 지낸다"면서 모두 용서했다고 말했다. 하지만 아찔했던 당시 상황은 똑똑히 기억했다.

"흉기가 허벅지를 관통했는데 대동맥이 끊겼으면 위험할 뻔한 상황이었습니다. 대동맥을 5밀리미터 정도 벗어났는데, 저에게도 또 가해자에게도 천만다행이었지요. 하늘이 도운 순간이었죠."

급성 수분중독
물, 지나치게 많이 마시면 독이 된다!

"모든 물질은 독이다. 이 세상에 독이 아닌 것은 아무것도 없다. 단지 어느 정도를 복용하느냐에 따라서 독이 될 수도 있고 약이 될 수도 있다."

-16세기 스위스의 의사이자 연금술사, 테오파라스투스 필리푸스 아우레올루스 봄바스터스 폰 호헨하임Theophrastus Philippus Aureolus Bombastus von Hohenheim

2009년 여름, 한 정신병원의 폐쇄 병동. 입원 중이던 40대 남성 환자가 이른 아침 화장실에서 시신으로 발견됐다. 일주일 전 사회복지시설에서 이상행동을 보여 이송돼 온 K(41세)씨였다. 온몸이 흥건히 젖어 있었다. 가슴과 배, 등, 허리까지 여러 곳에 멍 자국도 보였다. 담당 검사는 병원 내에서 발생한 구타 등으로 사망했을 수 있다고 보고 부검 결정을 내렸다. 부검은 다음 날 바로 시행됐다. 팔꿈치에서 무릎관절까지 전신이 굳어 있었고, 적혈구가 몰려 생기는 암적색 시반(屍斑, 시신의 피부에 나타나는 자주색 반점)이 시신의 등에 나타나 있었다. 멍 자국 아래에는 피하출혈도 보였다. 하지만 모두가 죽음의 원인으로 보기에는 부족한 것들이었다.

K씨의 주요 장기들이 모습을 드러내자 죽음의 원인들이 하나둘 베일을 벗기 시작했다. 뇌와 허파가 비정상적으로 부어 있었다. 위, 간, 창자 등 내장과 복부의 막과 벽도 마찬가지였다. 부종浮腫이 있었다. 배 안에는 복수도 가득했다. 복수와 부종액을 합해 3리터가 나왔다. 거의 익사체에서나 볼 수 있는 수준이었다. 콩팥도 요로도 부어 있었다. 유리체액(안구를 채우고 있는 투명한 물질)에 대한 검사 결과 K씨의 나트륨 수치는 102mEq/l에 불과했다. 나트륨 수치가 120mEq/l 밑으로 떨어지면 사망에 이를 수 있다는 점을 고려하면 체내 염분량이 치사량 이하로 줄어 있었던 것이다.

국립과학수사연구원은 최종적으로 K씨의 사인을 '급성 수분 중독'으로 결론 내렸다. 몸이 받아들일 수 없을 정도로 많은 양의 물을 먹는 바람에 물 중독이 발생해 사망에 이르렀다는 이야기다. 이를 뒷받침하는 증언도 나왔다. 한 입원 환자는 경찰에서 "K씨가 화장실에서 바가지로 많은 양의 물을 마셔 이를 만류한 적이 있다"고 말했다.

소리 없이 다가오는 공포, 물 중독

사람이 스스로 마신 물 때문에 사망에 이를 수 있다는 사실이 학계에 보고된 것은 1974년이다. 실제 정신질환자 중 일부는 끝없이 갈증을 느껴 물을 들이켜는 증세를 보인다.

이를 '다음증^{多飮症}'이라 부르는데 한 통계에 따르면, 만성 정신질환자의 6~17퍼센트가 이 증세에 시달린다고 한다. 그렇다면 정신 병력이 없는 사람은 물 중독으로부터 안전할까. 아래 사례는 그렇지 않음을 보여준다.

2007년 1일 12일, 미국 캘리포니아주 새크라멘토의 한 지역 방송국. 〈아침의 광란〉이란 프로그램의 녹화가 한창인 가운데 세 아이의 엄마인 제니퍼 스트레인지(28세)가 힘겹게 마지막 물잔을 들이켰다. '물 마시고 소변 참기'라는 엽기적인 게임에 참가한 상황이었다. 세 시간 동안 화장실에 가지 않고 15분마다 제공되는 물을 모두 마셔냈다. 1등을 차지하면 가정용 게임기 '위'를 아이들에게 선물할 수 있다는 생각뿐이었다. 죽을힘을 다해 7.5리터의 물을 마셨지만, 안타깝게 최종 성적은 18명 중 2등이었다. 게임이 끝난 순간 그녀는 쓰러졌다. 극심한 두통을 호소하며 연신 구토를 했다. 결국 그녀는 그날 자기 집에서 숨을 거뒀다. 부검 결과 사인은 물 중독사였다.

—

급하게 마신 물이 부정맥에 뇌부종 불러

물을 많이 마시면 죽음에 이르는 이유가 뭘까. 신체에 다량의 물이 한꺼번에 유입되면 우리 몸의 체액 속에선 나트륨 등의 전해질 농도가 급격하게 옅어진다. 그러면 체액과 정상적인 세포들 간의 삼투압 차로 '수분의 이동'이 일어난다. 옅은 농도의 체액이 모세혈관 밖으로 빠져나오는 것이다.

이때 우리 몸에 부종이 생기는데, 흔히 '물을 많이 마셔 얼굴이 부었다'고 말하는 것이 바로 이 경우다.

부종은 위치에 따라 치명적인 결과를 가져오기도 한다. 가장 위험한 부위가 뇌다. 뇌는 폐쇄된 두개골 안에 자리하고 있기 때문에 부풀어오르는 만큼 뇌압이 증가한다.

초기에는 단순히 머리가 아픈 정도지만 많이 부으면 혼수상태나 호흡곤란에 빠지고 결국 사망에 이르기도 한다. 이런 전해질 불균형은 치명적인 심장부정맥(심장박동이 분당 60~80회의 범위에서 벗어나거나 고르지 않게 뛰는 것)으로 이어지기도 한다.

물 중독 때문은 아니지만 2011년 경기 도중 쓰러진 K리그 신영록(24세, 제주유나이티드) 선수도 전해질 불균형으로 인한 부정맥이 사고의 원인이 됐다.

똑같이 물이 원인이긴 하지만 익사는 급성 수분중독과 좀 다르다. 급성 수분중독은 소화기관으로 지나친 양의 물이 들어가서 생겨난 문제지만, 익사는 호흡기관으로 들어간 물(또는 액체) 때문에 죽음에 이르는 경우다. 물에 빠지면 보통 숨을 쉬지 못해 죽는다고만 생각한다. 하지만 익사 역시 급성 수분중독과 마찬가지로 급격하게 떨어지는 몸속 전해질의 농도가 죽음에 이르는 주된 원인으로 꼽힌다. 여기서 퀴즈 하나. 모든 신체 조건이 같다는 전제 아래 수영을 전혀 못하는 두 사람이 각각 민물과 바닷물에 빠졌다면 어느 쪽이 더 위험할까. 정답은 민물이다. 민물은 염분이 녹아 있는 바닷물과 달리 삼투압이 낮아 핏속으로 비교적 빠르게 희석된다. 그만큼 몸속 전해질 교란도, 이로 인한 심부전도 빨리 일어날 수밖에 없다. 반면 염분 농도가 높은 바닷물은 몸속에 들어가면 오히려 혈액을 농축시키는 역할을 한다. 이런 이유에서 민물에 빠진 사람은 대부분 10분을 버티기 어렵지만, 바닷물에 빠진 사람은 그 이상을 견디는 일이 많다. 다소 어색한 익사도 있다. 물에 빠져 죽기는 했지만 시신의 폐 속에서 물이 전혀 발견되지 않는 경우다. 이른바 '건성 익사dry drowning'라고 부르는데 물에 빠졌을 때 충격으로 심장박동이 갑자기 멈춘다든지, 기도와 후두가 자극을 받아 몸이 방어적으로 목구멍을 막아 결국 사망에 이르는 경우 등이 대표적인 사례다.

그렇다면 죽음에 이르도록 하는 물의 양은 어느 정도일까. 물 먹기 대회를 마치고 사망한 스트레인지처럼 7리터 이상을 마시면 죽게 되는 걸까. 정답은 없다. 체질이나 몸집, 몸 상태에 따라 다르다. 스트레인지가 나갔던 물 먹기 대회만 해도 다른 참가자들은 포만감을 호소했을 뿐, 이상이 없었다.

어쨌거나 한꺼번에 많은 물을 마시는 것은 삼가는 것이 좋다는 게 전문가들의 말이다.

국립과학수사연구원의 관계자는 "더울 때 심한 운동을 하고 나서 한번에 많은 물을 들이켜는 것은 건강에 좋지 않다"면서 "이미 땀으로 전해질이 빠져나간 상태에서 수분까지 다량 들어오면 혈중 나트륨 농도가 급격히 떨어지기 때문"이라고 설명했다.

그는 "되도록 시간당 1리터 이상의 물은 마시지 않도록 해야 하며, 물 대신 이온음료를 마시는 것도 물 중독을 예방하는 방법"이라고 말했다.

술은 어느 정도 마셔야 치명적일까

보통 많이 마셔서 탈이 나는 것은 물보다는 술이다. 그렇다면 술은 얼마를 먹어야 치명적인 수준일까. 답부터 말하면 체중에 따라 조금씩 다르다. 의학계에서는 몸속 혈중 알코올 농도가 0.45퍼센트 이상이 되면 사망에 이를 수 있다고 본다. 음주운전 시 면허취소에 해당하는 0.15퍼센트의 세 배에 달하는 엄청난 양이다. 치명적인 한계치에 이르는 알코올 양을 계산하는 방법은 간단하다. 단순화한 공식은 자신의 몸무게(그램으로 환산)×0.7(체내 수분량)×0.0045(급성 알코올중독에 이를 수 있는 혈중 알코올 농도). 이 계산 대로라면 남성의 경우 80킬로그램이면 252그램, 60킬로그램이면 189그램이라는 계산이 나온다. 20도를 기준으로 소주 한 병(350밀리리터)에 들어 있는 알코올 양이 58그램정도라는 점을 고려하면 80킬로그램인 남자는 소주 4.3병, 60킬로그램이면 3.2병 정도가 한계치라는 계산이 나온다. 하지만 이런 계산은 술을 한꺼번에 들이켜고 몸에서 동시에 완전히 흡수된다는 가정하에서 나온 것이기 때문에 실제 치사량에 이르는 소주의 양은 이보다 많다. 단 아무리 주당인 사람도 알코올을 분해하는 속도가 흡수하는 속도보다 빠른 사람은 없다. 술이건 물이건 과해서 좋은 것은 없다는 이야기다.

자살 같았던 사건의 진실

피 튄 흔적 없는 깨끗한 현장, '생활반응' 없는 손목 상처

"여기 방이동(서울 송파구)인데요, 노래방 문 좀 따주세요." 2010년 9월 20일 밤 10시, 119신고센터에 20대 여성의 다급한 요청이 들어왔다. 닷새 전 노래방 문을 연다고 나간 A(당시 46세)씨를 애타게 찾던 첫째딸(당시 28세)의 목소리였다. 구조대가 급히 달려간 지하 노래방은 앞뒤로 굳게 철문이 닫혀 있었다. 119대원이 한참을 씨름하던 잠금장치를 절단하고 문을 열자 고약한 냄새가 확 풍겼다. 뭔가 썩는 냄새였다. 노래방 주인 A씨가 가족들의 기대를 저버리고 끝내 싸늘한 주검으로 발견되는 순간이었다.

자살이었다. 한눈에 들어온 현장은 그랬다. 시신이 누워 있던 노래방 내실 탁자에서는 유서가 담긴 흰 봉투와 먹다 남은 소주 두 병이 나왔다. A4용지 두 장 분량의 유서에는 구구하게 긴 사연이 담겨 있었다. 1년 전 남편 유산으로 시작한 노래방이 생각만큼 잘 안 되어 속상하다는

이야기로 시작해 삼남매가 엄마 마음을 몰라줘서 섭섭했다는 사연, 자신은 재미있게 살지 못했지만 자식들은 서로 의지해가며 정겹게 인생을 살라는 당부 등이 이어졌다. 노래방과 살던 집을 어떻게 처리할 것인지, 숨겨놓은 통장은 어디에 있는지, 출금 비밀번호는 무엇인지 등도 적혀 있었다. 컴퓨터 워드프로세서로 인쇄돼 마지막에 도장까지 찍힌 유서는 남이 썼다고는 상상도 못할 만큼 세세한 내용을 담고 있었다.

"자살이라고밖에는", 유서 두 장과 소주병

A씨의 왼쪽에는 피 묻은 칼이 놓여 있었다. 노래방 부엌에 있던 식칼이었다. 칼은 명치와 왼쪽 손목 두 군데에 상처를 냈다. 치명상은 명치 쪽인 듯했다. 정황상으로 보면 A씨는 평소에 자살을 고민해왔고, 결국 어느 날 노래방 문을 잠그고 술을 마신 뒤 1차로 손목을 두 차례 긋고 나서 다시 명치 부위를 스스로 찌른 것으로 보였다.

자칫 억울하게 묻힐 뻔했던 A씨 피살의 한을 풀어준 사람은 베테랑 형사였다. 자살 치고는 현장이나 시신이 지나치게 깔끔했다. A씨가 자살한 쪽방은 성인 두 명 정도가 겨우 누워서 잘 수 있는 크기였다. 그나마 가로로는 누울 공간조차 나오지 않을 만큼 좁은 방이었지만 벽에 피가 튄 흔적이 전혀 없었다. 바닥에 고여 있는 혈액의 양도 이상하리만큼 적었다.

"최후의 순간에는 주저하기 마련, 그러나…"

피해자의 몸에 난 상처도 주저흔 하나 없이 지나치게 깨끗했다. 주저흔이란 자살하려는 사람이 한 번에 치명상을 만들지 못하고 여러 차례

자해한 흔적을 남기는 것을 말한다. 주로 치명상 주위에 생기는데 송곳에 찔린 듯한 작은 것부터 1~2센티미터까지, 많게는 수십 개가 남기도 한다. 국립과학수사연구원 관계자는 "사망자의 몸에 칼에 찔린 상처가 많고 외부로 흘러나온 혈액이 많으면 타살로 간주하기 쉽지만, 자살인데도 그렇게 되는 경우가 적지 않다"면서 "흉기로 자살하려는 사람은 고통 없이 빨리 죽고 싶다는 생각을 하면서도 치명적인 곳을 못 찾거나 주저하게 돼 스스로 여러 곳에 상처를 입히기 때문"이라고 말했다.

세 자녀도 "자살이 아니다"라고 단언했다. A씨가 워낙 솔직하고 화통해 우울증이나 자살과는 거리가 먼 데다 유서도 어색하다고 했다. 유서에는 "내가 글씨를 잘 못써서 PC방 점원에게 워드(워드프로세서)를 배웠는데, 유서 쓰는 데 두 시간이 넘게 걸렸다"고 되어 있었다.

하지만 자녀들은 컴퓨터를 전혀 모르는 엄마가 어느 결에 워드를 배웠는지도 의문이고, 굳이 유서를 워드로 작성한 것도 이해되지 않는다고 했다. 특히 유서 속 단어들이 평소 엄마의 말투와 전혀 달랐다.

생활반응이 말해주는 사건의 진실

A씨의 시신에 대해 부검 결정이 났다. 치명상은 가슴에 난 창상이었다. 찔린 곳은 한 곳이었지만, 칼이 만든 상처의 끝부분이 묘하게 변해 있었다. 치명상을 입히려고 같은 곳을 정확하게 두 번 찔렀을 때에나 생기는 현상이다. 자살하는 사람이 스스로 치명상이 난 곳을 정교하게 찾아 두 번 칼을 찌를 리 없다.

자살현장이 조작됐음을 말해주는 결정적인 증거는 시신의 왼쪽 손목에 난 상처였다. 손목을 그어 자살을 시도했다는 A씨의 상처에선 이른바 '생활반응生活反應, vital reaction'이 나오지 않았다. 생활반응이란 특정 충격에 대해 살아 있는 몸이 보이는 반작용을 말한다. 예를 들어, 살아 있을 때 칼에 찔리면 죽었을 때 칼에 찔리는 것보다 피가 더 많이 난다. 심장이 뛰고 있으니 혈류량이 많고 혈압도 높기 때문이다. 또 생전에 둔기나 칼을 맞은 경우에는 피부의 탄력 때문에 다친 부위가 크게 벌어지지만, 죽은 뒤에 생긴 상처는 비교적 적기 마련이다.

결국 너무 적은 출혈량과 상처 크기 등을 감안했을 때 A씨의 왼쪽 손목에 난 상처는 누군가 자살로 위장하기 위해 만든 트릭으로 결론 났다.

하지만 의문은 계속됐다. 범인이 누구이기에 통장 비밀번호는 물론이고 남의 가족사를 줄줄이 꿰고 있을까. 그렇다면 범인은 삼남매 중 하나일까. 주변인물을 대상으로 수사가 시작됐다. 정작 범인 색출은 싱겁게 마무리됐다. 유서 봉투에서 둘째딸(당시 25세)의 헤어진 동거남(당시 25세)의 지문이 나왔다. A씨의 사망현장에 그가 있었다는 이야기다. 친척집에 숨어 있던 동거남은 순순히 범행 일체를 자백했다. 그는 1년 넘게 A씨의 둘째딸과 동거를 해왔지만 최근 자주 다투면서 때리기까지 한 것으로 드러났다. 그는 사건이 나기 한 달 전 동거녀가 가출하자 노래방에 찾아가 "딸의 연락처를 알려달라"고 했지만 A씨에게 면박을 당한 뒤 모욕감에 범행을 결심했다. 그는 "결혼식은 못 치렀지만 1년 이상을 사위처럼 살면서 집안 대소사를 챙기고 상주 노릇까지 했는데 장모가 나에게 너무 모질게 대했다"고 했다.

불탄 그녀의 마지막 호흡, 아들을 지목하다
어머니를 죽인 건 화마가 아니었다!

거세게 현관문 두드리는 소리와 다급한 남자의 외침이 자정 무렵 다세대주택 골목의 정적을 갈랐다. "누구세요? 이 시간에…." 잠에서 깬 A(51세)씨가 놀라서 뛰어나왔다. "불이 났어요. 집에, 불이 났어요. 빨리 119에 신고 좀 해주세요. 어머니가 안에 있는데…." 칠순 노모와 함께 사는 옆집 큰아들 김(53세)씨였다. 그의 집은 이미 강한 불길과 연기에 휩싸여 있었다. A씨는 119에 신고했고, 김씨는 A씨로부터 휴대전화를 빌려 동생들에게 전화를 돌려댔다. 소방차들이 출동했고, 주민들은 자다 말고 뛰쳐나왔다. 동네 사람들은 지금이라도 들어가 어머니를 구해보라고 했지만, 두려움 때문인지 김씨는 그 자리에서 어린아이처럼 울부짖기만 했다. 얼마 후 불이 꺼졌다. 작은방에서 까맣게 타버린 시신이 발견됐다. 김씨의 어머니(72세)였다. 자식에게 지극정성이던 노모를 잃은 형제들은 목 놓아 울었다. 김씨는 경찰에서 "동료와 술을 마시고 들어왔는데 현관을 열어보니 집 안에 불길이 가득했다"고 넋이 나가 말했다.

2010년 5월 16일 발생한 경기 파주시의 화재현장은 참혹했다. 10평 남짓한 작은 집이 무엇 하나 건질 것 없이 모두 타거나 녹아내려 있었다. 화마의 흔적만큼 시신의 훼손도 심했다. 경찰은 가장 많이 탄 안방에서 불이 시작됐을 것으로 판단했다.

빨대와 면봉이 일러준 진실

현장감식반은 노인의 사망 원인이 직접적으로 화재 때문인지 알아보기 위해 간이 검사를 했다. 시신의 콧속에 빨대를 끼운 후 그 속으로 면봉을 밀어넣었다. 화재가 났을 당시 사망자가 호흡을 하고 있었는지 아닌지를 가리는 검사다.

하지만 기도 안으로 들어갔다 나온 면봉에는 그을음이 묻어나지 않았다. 화재로 사망한 사람의 기도에 매연이 없다? 그것은 이미 죽거나 죽임을 당한 뒤 화재를 만났다는 이야기다. 감식반원들은 섬뜩해졌다. 결국 시신은 단순 화재로 인한 사망으로 처리되지 않고 국립과학수사연구원으로 넘어갔다.

보통 화재현장에서 발견된 시신은 신체가 심하게 불에 훼손된 채 발견된다. 하지만 모두 화상이 직접적인 원인이 되어 죽는 것은 아니다. 화재 사망의 원인은 대략 세 가지다. 가장 흔한 것이 공기의 불완전연소로 인해 발생한 일산화탄소 또는 내장재가 타면서 발생한 유독가스(암모니아, 염소 등)를 들이마시는 것이다. 특히 일산화탄소는 치명적이다. 공기 중 일산화탄소의 농도가 30퍼센트 이상인 곳에서 30초 동안만 숨을 쉬어도 혈중 일산화탄소량이 치사량을 넘는 75퍼센트까지 올라간다.

일산화탄소를 들이마시고 사망하는 사람에게는 선홍색 시반이 나타난다. 일산화탄소^{CO}는 적혈구에 있는 헤모글로빈^{HB}과 결합하면 일산화탄소헤모그로빈^{COHB}이 되는데 이 COHB가 선홍색이다. 암적색 또는 암청색을 띠는 일반적인 시반과는 확연한 차이가 난다. 일산화탄소로 사망한 시신의 손톱에서도 이런 현상은 쉽게 확인할 수 있다. 다른 원인으로 죽은 사람의 손톱은 대게 어둡게 변하지만 일산화탄소를 마셔 죽은 사람은 마치 산사람의 손톱처럼 붉게 보인다. 과거 동네마다 연탄을 피우는 집이 흔했던 시절, "연탄가스를 마시고 죽은 사람들은 마치 살아 있는 사람처럼 시신이 깨끗(?)하다"는 말이 있었다. 선홍색을 띠는 COHB를 생각하면 나름 일리 있는 말이다.

둘째는 불길이 번지면서 산소가 대량으로 한꺼번에 사라지면서 질식사하는 경우다. 선박같이 밀폐된 공간에서 큰 화재가 났을 때 주로 발생하는 현상이다. 셋째가 화염에 휩싸여 곧바로 소사燒死하는 것인데 그 비율은 예상 외로 낮다. 하지만 어떻게 죽음에 이르든 살아 있는 상태에서 화재를 만난 사망자의 기도에는 그을음이 남는다. 불길 속에서 어떻게든 살아보려고 발버둥친 최후의 생활반응이기 때문이다.

감식반의 보고를 받은 경찰은 곧바로 아들 김씨를 용의선상에 올렸다. 30대 초반에 4세 여자아이를 강간하고 살해했던 전과기록 때문만은 아니었다. 진술에 아귀가 맞지 않았다. "동료와 술을 마신 후 버스를 타고 자정쯤 집에 와 보니 불이 나 있었다"고 했지만, 실제 술자리가 끝난 것은 이보다 세 시간 앞선 오후 9시였다. 아무리 불길과 연기가 심하다고 해도 어머니를 구해보려는 시도가 없었다는 점도 의심스러웠다. 불이 났다며 A씨 집에 찾아와 전화를 걸면서 어머니의 사망을 기정사

실화한 것도 이상했다. 그는 동생들과 통화하면서 자기도 모르게 "엄마 가 돌아가셨다"고 말해버렸던 것이다. 하지만 심증일 뿐 물증이 없었다. 수사는 조심스러웠다. 극한의 슬픔에 빠져 있는 피해자 유족을 수사 선상에 올리기는 늘 부담스러운 일이다.

서서히 드러나는 아들의 알리바이

그렇게 2개월이 흘렀다. 차츰 사건 당시 김씨의 알리바이가 조작됐다는 증거들이 나타났다. 자정쯤 집에 왔다는 그를 "화재 발생 두 시간 전인 오후 10시쯤 집앞 슈퍼마켓에서 봤다"는 증언이 나왔다. 목격자는 당시 옷차림부터 운동화, 김씨가 흥얼거린 노래까지 정확하게 기억하고 있었다. 사망한 노모와 아들이 큰 소리로 싸우는 걸 들었다는 동네 주민의 증언도 있었다.

부검 결과도 정황증거를 더했다. 사망자의 목과 턱밑에서 작은 출혈이 확인됐다. 폐에서는 울혈과 부종이, 기관지 안에서는 거품이 발견됐다. 흔적은 약했지만 모두 목 졸려 질식사한 시신에서 나타나는 특징들이었다. 거짓말탐지기도 김씨가 거짓말을 하고 있다고 반응했다.

결정적으로 김씨 스스로 자승자박한 대목도 있었다. 알리바이에 대한 경찰의 추궁이 이어지자 교통카드 회사에 전화를 걸었고, 그 통화 내용이 고스란히 녹음되어 있었다.

"듣자 하니 버스를 타고 내린 시간이 기록으로 남는다는데 진짜인가요?"

"맞습니다. 고객님." 통화 내용에는 그의 한숨 소리까지 생생하게 담겨 있었다. 결국 그는 스스로 범행 일체를 자백했다.

낳아주고 길러준 어머니를 살해하고 범행을 감추기 위해 시신과 집에 불까지 지른 패륜범. 범행 이유가 수사관들을 더욱 허탈하게 만들었다. 잦은 음주에 어머니가 심하게 훈계하는 것이 못마땅해서 그랬다는 것이다.

20대 얼짱 여성, 죽은 뒤에 성형수술한 덕을 보다
동거남에 목 졸린 백골의 한을 풀어주다

2008년 11월, 경기 화성시 송산면 우음도 갈대밭 옆 고속도로 공사장. 불도저로 갈대숲을 밀어내던 장모 씨가 바닥에서 하얀 물체를 발견했다. 사람의 뼈였다.

"여기는 원래 개펄이던 곳을 막아 생긴 땅인데…. 내가 남의 묏자리를 잘못 건드렸을 리는 없지. 그렇다면 누군가가 갖다버린 시신이 백골로 변한 것인가?"

경찰에 비상이 걸렸다. 당시는 경기 서남부 부녀자 연쇄살인사건(일명 '강호순 사건')으로 시끄러웠던 때. 연쇄살인의 네 번째 희생자일 수 있다는 시나리오가 흘러나왔다. 현장 수사팀에 경찰 최고위층의 불호령이 떨어졌다.

감식반이 확인할 수 있는 것은 많지 않았다. 이미 백골이 돼버린 시신 한 구와 그가 입었던 속옷, 회색 윗도리에 운동복 바지, 수건 조각 두 장이 전부였다. 시신을 옮기는 데 쓰였던 것으로 보이는 대형 가방도 눈에 띄었지만 단서는 되지 못했다.

———

뼈를 추스러 키와 성별 추정

국립과학수사연구원은 일단 뼈의 크기와 모양을 보고 희생자를 20대에서 30대 초반의 여성으로 추정했다. 키는 162~170센티미터 정도로 어림했다.

여기서 잠깐. 사람의 뼈 중 외관만 보고 남녀를 구분할 수 있는 것은 두개골과 엉덩뼈가 대표적이다. 남성의 두개골은 요철(凹凸)이 심하고 크고 길며 두껍다. 남성의 뼈가 전체적으로 여성보다 크고 단단하지만 두개골에서 특히 두드러진다. 그러나 여성에게도 남성보다 강한 뼈가 하나 있다. 엉덩뼈다. 분만이라는 자연의 섭리 때문에 여성의 골반은 남성에 비해 튼튼하고 폭이 넓다.

사람의 나이는 아래턱의 각(角)과 위팔뼈, 넓적다리 관절 등을 보고 알 수 있다. 아래턱의 각은 귀 옆으로 볼 때 아래턱이 꺾이는 부분을 말한다. 보통 둔각(100~180도)을 이룬다. 흥미로운 점은 각도가 나이에 따라 변한다는 것이다. 어른이 되는 과정에서 각이 작아졌다가 노화를 거치며 다시 커진다. 갓 태어난 아기의 아래턱 각은 통상 170도지만 배냇니가 빠질 때쯤에는 150도가 되고 영구치가 완성될 때면 100도까지 줄어든다. 이후에는 다시 커져 35세 110도, 55세 120도, 70세 130도를 평균적으로 기록한다.

키는 팔과 다리뼈 길이에 부위별로 상관계수를 곱해 산출한다. 사건현장에서 발견한 대퇴골의 크기는 43.6센티미터였다. 여기에 상관계수 3.9를 곱해 계산한 여성의 키는 약 170센티미터(43.6센티미터×3.9)였다. 그러나 요골, 척골, 비골, 경골 등을 통해 추론한 키는 이보다 작아 162~170센티미터의 넓은 범위 정도로 추정했다. 이래서는 그야말로 '서울에서 김 서방 찾기'가 아닌가.

강남 성형외과 572곳을 뒤지다

암담해하던 수사팀에 한 줄기 서광이 비쳤다. 부검의의 마지막 한마디였다.

"수사에 얼마나 도움이 될지는 모르겠는데, 피해자의 광대뼈가 갈라져 있는 걸 보니 광대뼈 축소술을 받은 것 같아요."

경찰은 서울 강남지역의 성형외과 572곳을 수소문했다. 어차피 전국의 모든 성형외과를 다 뒤질 수는 없는 노릇이었기 때문에 '적중확률'이 높은 강남에 수사력을 집중했다. 병원들마다 '환자의 프라이버시'를 침해한다며 아우성을 해댔다. 우여곡절 끝에 2000년 이후 광대뼈 축소 수술을 받은 여성 1,949명의 명단을 확보했다. 경찰은 2,000명에 가까운 이들 모두에게 전화를 돌렸다. 연락이 닿지 않는 사람들 중에 백골의 주인이 있을 것이란 계산에서였다.

하지만 웬걸. 연락 불통인 사람이 650여 명에 달했다. 3명 중 1명꼴. 남모르게 수술 받으려고 많은 사람이 가명을 쓴 탓이었다. 하지만 달리 방법이 없었다. 시신과 신체적 특징이 비슷한 사람의 가족을 일일이 수소문해 DNA 일치 여부를 확인했다. 그렇게 꼬박 2개월이 흘렀다.

국립과학수사연구원에서 연락이 왔다.

"DNA가 일치하는 가족이 나왔습니다."

가족들은 이미 5년 전부터 죽은 여인과 연락을 끊고 살았다. 그래서 가출신고도 하지 않았다고 했다. 백골의 주인은 유흥업소 종사자 A(당시 30세)씨였다. 2006년 3월 강남구 압구정동의 한 병원에서 광대뼈 축소술을 받았다.

경찰은 A씨의 과거 동거남 K(당시 33세)씨를 유력한 용의선상에 올렸다. A씨가 나가던 유흥업소의 단골손님이었던 K씨는 2006년 12월부터 살림을 같이 차린 것으로 파악됐다. 행적을 추적하던 경찰은 K씨가 중고차 매매상을 통해 그랜저XG 승용차를 팔았다는 사실을 확인했다.

어렵게 그랜저XG를 찾아 샅샅이 훑어냈지만 육안으로는 아무것도 발견할 수 없었다. 범행의 흔적을 지우려고 수십 번을 닦았을 트렁크에 핏자국이 남아 있을 리 만무했다. 마지막 희망은 시간이 지난 혈흔에도 강하게 반응하는 특성이 있는 루미놀 시험. 시약을 뿌리자 잠시 후 기역(ㄱ)자 모양으로 발광현상이 나타났다. 시신을 담았던 가방 모서리에서 스며나온 피의 흔적이었다. DNA 감식 결과 A씨의 혈액으로 판명됐다.

___

미인에 대한 남자의 소유욕이 불러온 비극

"우발적이었습니다." K씨는 순순히 범행을 자백했다. 손님과 종업원으로 만났을 때 K씨는 A씨에게 팁을 아끼지 않았다. 한 달 술값으로 무려 1억 원을 쓰기도 했다. 아름답고 성격 좋은 A씨에게 잘 보이고 싶은 허세였다. 얼마 후 두 사람은 논현동 A씨의 원룸에 살림을 차렸다. A씨는 업소생활을 접고 한 남자의 아내로서 삶을 시작한 것이다.

하지만 행복은 거기까지였다. A씨가 확인한 남자의 현실은 악몽이었다. 술집에 뿌렸던 돈은 사업투자를 빌미로 후배에게서 꾼 돈이었다. 극

심한 채무변제 독촉과 협박이 이어졌다.

사랑이 파국으로 결딴난 것은 2007년 5월 어느 날이었다. 생활비 문제로 다툼이 시작됐고 얼마 후 몸싸움으로 이어졌다. 거칠게 밀쳐진 A씨는 머리를 벽에 부딪쳐 많은 피를 흘리기 시작했고, K씨는 이런 그녀의 목을 졸랐다. 숨을 쉬지 않자 겁이 난 K씨는 시신을 가방에 넣어 무작정 화성 우음도로 차를 몰았다. 두 사람이 데이트 장소로 자주 찾던 곳이었다. 그렇게 남자는 사랑을 속삭이던 곳에 사랑을 버렸다.

연쇄살인범에 당한 20대 여성, 6년 만의 대반전
CCTV가 택시 연쇄살인범을 잡다

2010년 3월 28일 오전 10시, 대전 대덕산업단지의 북쪽 끝 2차선 도로. 일요일 아침 자전거를 타고 마트로 향하던 외국인 노동자 J씨의 눈에 이상한 물체가 들어왔다. 사람이 바닥에 쓰러져 있는 듯했다. 자전거를 세우고 건물 한쪽 벽면을 살펴보니 젊은 여성이 대형 트럭과 담벼락 사이에 잠자듯 누워 있었다. "술에 취한 여자인가?" 급하게 여성에게 다가간 J씨는 소스라치게 놀랐다. 죽어 있는 게 아닌가. 양쪽 발목이 흰색 노끈으로 단단히 묶여 있었다. 누군가 이 가련한 젊은 여성의 목숨을 끊은 뒤 이곳에 버린 것이었다.

———

입만 막은 여성이 질식사하다?

시신은 깨끗했다. 앳된 얼굴의 피살자는 줄무늬 블라우스에 베스트, 검은색 치마를 입고 있었다. 반듯한 옷매무새가 인상적이었다. 전체적

으로 사회 초년생의 느낌. 코에는 핏자국이 있었다. 광대뼈와 왼쪽 턱에
도 작은 상처가 있었다. 하지만 모두 치명상은 아니었다. 혈흔도 찾을
수 없었다. 여성 피살자들에게 통상 발견되는 목졸림의 흔적 또한 없었
다(부검의들에 따르면, 살해당한 여성의 90퍼센트가 목이 졸려 죽는다. 힘이
약한 여성에게 쓰기 쉬운 방법이기 때문이다). 형사들은 범행현장이 여기가
아니라고 결론 내렸다.

여성은 등을 바닥에 대고 누워 있었다. 하지만 시반은 몸 앞쪽에 나
있었다. 엎드려 있는 상태에서 죽음을 맞았다는 이야기다. 정액반응은
나타나지 않았지만, 가슴에서 남성의 타액이 발견됐다.

부검 결과 사인은 비구鼻口 폐쇄성 질식사였다. 입가에 테이프 자국이
있는 걸 봐서는 이것이 죽음의 원인임이 분명했다. 하지만 테이프가 코
는 빼고 입만 막고 있었는데 왜 질식사를 한 걸까. 해답은 사망 당시의
자세에 있었다. 사람을 납치하면 범인들은 보통 끈을 풀지 못하도록 손
을 등 뒤로 묶고 소리가 새어나오지 못하게 입을 막는다. 때론 팔을 묶
은 끈으로 다리까지 묶기도 한다. 이렇게 옴짝달싹 못하게 묶는 방법을
영미권에서는 호그타이Hogtie라고 부른다. 돼지 다리를 모두 묶어 막대
에 매단 모습과 비슷하다고 해서 생긴 용어인데, 1990년대 미국 경찰관
들은 반항하는 용의자를 체포할 때 이 같은 방법을 썼다. 하지만 이런
방법으로 묶인 범인들이 속속 사망하는 사례가 나타나자, 이후 호그타
이는 금지됐다. 호그타이같이 팔이 뒤로 꺾인 자세가 오래 지속되면 호
흡도 심장박동도 크게 떨어진다. 법의학자들은 이 자세로 오래 방치할
경우 코나 입 어느 하나만으로 숨을 쉬는 것이 어려워 질식에 이를 수도
있다고 말한다. 게다가 피해 여성은 코에서 난 피가 코 안에서 굳어 비

강을 막은 게 분명했다.

지문조회 결과 사망자는 충북 청주에 사는 24세 A씨였다. 가족들은 그녀가 집에 돌아오지 않자 가출신고를 한 상태였다. A씨가 죽은 채 발견되기 이틀 전인 26일(금요일) 저녁 청주 남문로에서 회식을 한 뒤 택시를 탄 게 동료들이 본 마지막 모습이었다. 대학 졸업 후 무수한 입사 도전 끝에 직장에 취직하게 된 그녀였다. 그리고 그녀의 출근 첫째 주 휴일을 앞두고 그녀를 위한 환영 회식이 마련되었다. 범인은 그렇게 막 피어나던 꽃망울을 무참하게 꺾어버렸다.

—

범인, 과실치사 적용받으려 술수를 쓰다

형사들은 시신이 발견된 지점 주변의 CCTV 확인에 나섰다. 먼저 확보한 것은 A씨가 버려진 빌딩 담 위쪽에 설치된 CCTV 화면. 발견 전날인 27일 토요일 저녁 녹화분부터 확인했다. 후미진 곳이긴 해도 사람이 지나다니는 길인데 시신이 며칠 동안이나 방치되기는 어렵다는 판단에서였다. 성과 없이 이어지는 CCTV 화면 탐색에 형사들이 조금씩 지쳐갈 즈음이었다. 모니터의 시간이 오전 1시 30분을 가리키는 순간, 퉁퉁한 체격의 남자가 화면에 등장했다. 차에서 내린 남자는 주변을 두리번거리더니 트렁크를 열고 뭔가를 급히 꺼냈다. 이미 숨져 있는 A씨였다. 남자는 트럭 옆에 A씨를 버린 뒤 황급히 차를 몰고 떠났다.

화면이 너무 흐려 차량번호는커녕 범인의 이목구비도 가늠하기 어려웠다. 그러나 차종이 흰색 NF소나타임은 분명했다. 더 큰 수확은 차 지붕에 택시표지가 붙어 있다는 점이었다. 경찰은 A씨가 회식을 마치고 탑승한 택시에 대한 수배에 나섰다.

경찰은 CCTV 속 범인이 시신을 유기한 후 다시 청주로 돌아갔을 것으로 판단했다. 그 과정에 반드시 거쳐갈 수밖에 없는 노루목을 찾아야 했다. 경찰이 짚은 지점은 현도교. 대전 대덕단지에서 신탄진 나들목(IC)을 거쳐 청주로 넘어가려면 어쩔 수 없이 거치는 곳이었다. 게다가 그곳에는 CCTV도 설치돼 있었다.

범행 당일 오전 1시 30분 이후 다리를 지나간 택시의 수는 모두 67대였다. 경찰은 이중 유독 수상해 보이는 한 대에 주목했다. 차량번호를 숨기려 번호판에 반사테이프를 붙인 택시였다. 게다가 앞서 화면에서 본 것과 같은 흰색 NF소나타였다. CCTV 화면을 정밀 분석해 알아낸 차량번호는 충북××바××××. 경찰은 청주의 한 택시회사로 형사들을 급파했다.

"CCTV에 다 찍혀 있다."

형사들의 말에 택시기사 안모(41세) 씨는 순순히 자기 집에서 수갑을 받았다. 112 신고가 접수된 지 12시간 만이었다. 택시 운전석 문짝에서는 식칼이, 트렁크 매트에서는 혈흔이 나왔다. 혈흔은 숨진 A씨의 것과 일치했다. A씨를 위협해 빼앗은 7,000원도 함께 나왔다. 범인은 "테이프로 입만 막았기 때문에 A씨가 숨은 쉴 수 있을 것으로 생각했다"고 주장했다. 성폭행 등 성범죄는 저지르지 않았다고도 했다. 이미 2000년에 감금 및 성폭력 혐의로 3년형을 받고 복역했던 그는 사람의 목숨을 앗아놓고도 어떻게 하면 살인이 아닌, 과실치사만 적용받을까 갖은 술수를 쓰고 있었다.

잔혹한 살인자, 살기 위해 몸부림치다

"연기군 조천변 살인사건 있잖아요. 이번에 나온 DNA가 그 사건 용의자와 일치해요."

국립과학수사연구원에서 수사팀으로 전화가 걸려왔다. 안씨의 과거 범행이 칡넝쿨처럼 이어져 나왔다. 택시기사를 하며 6년간 살해한 여성이 세 명이나 됐다. 2004년 10월 충남 연기군 전동면 조천변 도로에서 발견된 B(당시 23세)씨도, 2009년 9월 청주시 무심천 장평교 아래 하천가에 숨겨 있던 C(당시 41세)씨도 그의 손에 희생된 것으로 밝혀졌다. 출소 후 안씨는 그렇게 늦은 밤 택시에 탄 여성을 상대로 살인과 강간, 강도 등의 범행을 이어갔다. 대부분 몸집이 작거나 술을 마신 사람들이었다. 2010년 10월 대전지법 형사합의11부는 안씨에게 사형을 선고했다. 재판부는 "잔인한 범죄를 저지르고도 고의성을 부인하고, 끊임없이 진술을 번복하는 등 진지하게 참회하는 모습을 보여주지 않고 있다"면서 "억울하게 죽임을 당한 피해자와 그 유족들이 겪은 고통 등을 고려해 극형 선고가 불가피하다"고 판시했다.

국가인권위원회에 따르면 2010년 말 기준으로 국내에 설치된 CCTV는 총 274만 대로 추정된다. 공공용 24만 대, 민간용 250만 대다. 현재 CCTV는 인권침해와 범죄예방 효과 사이에서 뜨거운 논란에 휩싸여 있다. 이 사건에서는 CCTV가 자칫 미제사건으로 묻힐 뻔했던 억울한 죽음들의 한을 풀어준 것과 동시에 추가적인 희생자를 막는 효과를 냈다. 우리 사회 속 '은밀한 감시꾼'에 대한 판단은 독자의 몫으로 돌린다.

피살 20대 여성, 전날 쓴 데스노트에 범인 이름이…
거래장부의 '볼펜 자국'이 범인을 지목하다

2003년 12월 6일 오후 9시 30분, 서울 용산구 이태원2동. 갑작스러운 한 통의 전화가 겨울밤 파출소의 한적함을 깨운다.

"사…사람이 죽었어요. 도와주세요." 신고인은 외국인이었다. 한국인 여자 친구 A(당시 24세)씨의 주검과 마주친 그는 떨고 있었다. A씨는 엎드린 채 숨져 있었다. 칼에 찔린 복부에서 난 피가 바닥에 흥건했다. 자상의 크기는 1.7센티미터로 작은 편이었지만 대동맥을 관통할 정도로 깊게 찔린 것이 치명적이었다. 첫 번째 칼부림은 바로 옆 탁자 아래에서 시작된 듯했다. 탁자 아래엔 비산(飛散, 튀어 흩어짐)혈흔과 적하(滴下, 방울져 떨어짐)혈흔이 섞여 있었다. A씨의 목에는 손자국이 선명하게 남아 있었다. 칼로 배를 공격한 후 범인은 확인사살을 하듯 A씨의 목을 다시 누른 것이다. 방어흔조차 보이지 않았다. 그만큼 범행은 순식간에 이뤄졌고, 피해자는 반항 한번 못한 채 숨을 거뒀다.

찢어진 장부, 과학이 뒷장을 드러내다

사건이 발생한 곳은 일반 주택 2층을 개조해 만든 옷 도매가게였다. 주로 아프리카 쪽 바이어를 상대하는 매장은 흔한 입간판 하나 없어 일반인은 전혀 상점이라고 상상할 수 없었다. 탁자엔 바로 전까지 누군가와 이야기를 나눈 듯 음료수 캔과 비스킷, 거래장부가 놓여 있었다. 선풍기형 난로도 탁자를 향해 있었다.

피해자의 가방과 지갑은 모두 열려 있었고, 책상서랍 안에 있던 260만 원은 감쪽같이 사라졌다. 문이나 창에 외부 침입 흔적이 전혀 없다는 점 등을 고려해 경찰은 손님을 가장한 강도일 가능성이 크다고 판단했다.

범인이 외국인이라면 수사 과정에서 곤란한 점이 적지 않다. 우선 한국 경찰의 가장 강력한 무기로 꼽히는 지문자동검색시스템AFIS을 이용할 수 없다. 불법체류자라면 소재 파악도 쉽지 않다. 그렇게 고민만 깊어갈 즈음 지문감식을 위해 거래장부를 조사하던 수사관이 의문을 제기했다.

"반장님, 장부 한 장이 비는데요. 5일 자가 없어요."

더욱 의심스러운 것은 앞장의 글자와 뒷장에 남아 있는 자국이 좀 달라 보인다는 점이었다. 누군가 자신의 흔적이 남은 장부를 찢어버린 것이라는 판단에 경찰은 국립과학수사연구원에 필흔筆痕 재생을 의뢰했다.

필흔 재생이란 볼펜이나 연필 등 필기구를 사용할 때 원본 뒤 종이의 눌린 자국을 통해 앞장의 글자를 복원하는 작업을 말한다. 일반적으로 글씨를 쓰면 필기구의 압력이 종이 뒷장에 고스란히 전달된다.

글씨를 쓴 사람이 펜을 얼마나 힘껏 눌렀는지, 필기구가 무엇인지에

85

따라 다음, 그다음 장까지도 필흔이 남을 수 있다. 통상 볼펜이나 연필은 원본 뒤 셋째 장까지 자국이 남는다. 하지만 사인펜으로 쓴 글씨는 다음 장에서도 흔적을 찾기가 만만치 않다.

사실 자국이라고 말하지만 육안이나 현미경으로는 확인할 수 없는 정도여서 이를 확인하는 데는 고가(3000만 원가량)의 특수 장비가 필요하다. 국내에서는 주로 영국제 'ESDA2'가 쓰인다. 사용 방법은 간단하다. 증거물(눌린 종이)을 기계에 넣은 후 그 위에 랩과 같은 특수필름을 평평하게 깐다. 진공상태에서 기계가 정전기를 발생시키면 필름에는 자연스럽게 글자 모양에 따라 요철이 생긴다. 필름을 15~20도 정도 기울인 상태에서 특수처리된 흑연가루를 뿌려주면 필름 위에 앞장에 썼던 글자들이 고스란히 나타난다.

다시 사건으로 돌아가보자. 국립과학수사연구원이 복원한 페이지는 '제이Jay'라는 손님의 거래내역서였다. 티셔츠와 바지, 점퍼 등 도합 640만 원어치의 물품을 제이가 주문한 것으로 나와 있었다. 수사팀 입장에서 뜻밖의 횡재는 제이의 전화번호였다. 01×-8××-××××. 경찰은 유력한 용의자인 제이를 찾아 나섰다.

장부 속 고객 '제이'를 잡아라

휴대전화 개통자는 나이지리아인 저스틴(당시 31세)이었다. 이태원 나이지리아인 밀집 지역을 탐문 조사한 결과, 장부 속 제이는 저스틴과 동일 인물이었다. 제이란 이름은 위조여권 속 가명이었다.

범인은 불안한 듯했다. 사건 뒤 저스틴의 휴대전화 신호는 이태원 녹사평역에 나타났다가 다시 한남동과 경기 동두천시로 옮겨갔다. 마지막 위치는 나이지리아인 밀집 지역인 안산시의 주택가로 확인됐다.

영장도 없는 상태에서 드넓은 주택가를 모두 뒤질 수는 없는 노릇. 특히 나이지리아인 지역사회에 잘못 들이닥치면 오히려 경찰이 떴다는 것을 저스틴에게 알려주는 꼴이 될 게 뻔했다. 경찰은 비용 때문에 휴대 전화보다는 공중전화를 자주 이용하는 외국인 노동자들의 전화 이용 유형에 착안했다. 인근 공중전화 열 군데를 골라 잠복에 나섰다. 그렇게 한 지 3일. 저스틴은 전화를 걸고 나오다 공중전화 앞에서 검거됐다.

저스틴은 묵비권을 행사하며 입을 굳게 닫았다. 하지만 범행을 부인하기에는 증거나 정황이 너무나 분명했다. 우선 현장에 남은 음료수 캔의 지문이 그의 것과 일치했다. 특히 자취방에서 찾아낸 비닐봉지에서 숨진 A씨의 혈흔이 발견되자, 그는 죄를 벗기 위한 노력을 완전히 포기했다.

사건의 전말은 이랬다. 저스틴은 범행을 저지르기 14개월 전 코리안드림을 품고 한국에 들어왔다. 하지만 비자 유효기간이 만료돼 불법체류자가 되면서 일자리 찾기가 극도로 어려워졌다. 먹고사는 것 자체가 막막해지자 그는 범행을 결심했다.

맨 먼저 머리에 떠오른 곳은 전에 친구와 들렀던 A씨의 가게였다. 인적이 뜸한 데다 여자들만 있어 강도를 하기도 쉬울 것이라고 판단했다.

저스틴은 자신을 나이지리아에서 온 바이어라고 속이고 범행 전날인 12월 5일 옷가게에 들렀다. 모처럼 온 큰 손님에 반가워하며 A씨가 장부를 적어나가는 동안 그는 내부구조와 현금의 위치, 도주 경로 등을 살폈다. 돌아오는 길에 마트에서 범행에 쓸 과도도 구입했다. 범행 당일인 6일, A씨가 세 시간에 걸쳐 옷에 대해 설명하는 동안 저스틴은 칼을 쓸

타이밍을 노렸다. 그리고 무참하게 범행을 실행에 옮겼다. 가게를 나오는 순간 저스틴의 머리에 불안이 엄습했다. 자기의 전화번호와 이름이 적힌 장부가 떠올랐다.

그는 장부의 마지막 장을 깔끔히 찢어내는 용의주도함으로 범행을 마무리했다. 하지만 그 마지막 장은 끝내 그를 스스로 옭아매는 증거가 됐다. 불안은 그렇게 범인의 영혼을 잠식했다.

물속에서 떠오른 그녀의 흰 손, 살인자를 가리키다
부패된 손목, 그러나 지문은 남아 있었다!

2006년 10월 11일 오후 3시, 인천 강화도의 한 선착장. 주변을 거닐
던 관광객이 바다 쪽 석축에 걸린 작은 물체를 발견했다.

"저게 뭐지? 일반적인 바다 쓰레기 같지는 않은데…."

왠지 서늘한 느낌이 들었다. 가까이 다가간 그는 자기도 모르게 '악!'
비명을 지르고 말았다. 잘린 사람 손이었다. 바다를 떠돌다 뭍을 만나니
지푸라기라도 잡아보겠다는 심정이었을까, 조류에 떠밀려온 가련한 시
신 조각은 축대에 기대어 제발 자기를 봐달라고 애원하고 있었다.

—

40대 중반 여성, 남편 그리고 내연남

상식적인 얘기지만 바다나 강에서 발견된 시신은 육지에서 나온 것
보다 신원을 파악하기가 훨씬 어렵다. 가장 보편적 방법인 지문감식도
안 되는 경우가 많다. 물속에서 붙거나 부패하는 과정에서 형체가 훼손

되기 때문이다. 경찰은 망자의 손을 수습해 아이스박스에 넣어 국립과
학수사연구원으로 보냈다. 우선 규명해야 할 것은 자살이냐, 타살이냐
여부였다. 손목 절단이 흉기 등에 의한 것이라면 해당 시신을 살해한 뒤
토막 냈을 가능성이 크다. 손목이 잘린 것은 지문감식을 통해 피해자 신
원이 알려지는 것을 두려워한 범인의 조치일 가능성이 높다. 반면 시신
이 온전한 상태로 떠돌다 선박 스크루 등에 의해 절단된 것이라면 타살
외에 자살이나 사고사일 수 있다.

부검 결과, 타살이라는 결론이 나왔다. 국립과학수사연구원은 "손목
절단면의 전반적인 모양새가 칼을 다룰 줄 아는 사람이 인위적으로 한
일로 보이며, 피해자는 여성"이라고 밝혔다.

그렇다면 사망자는 누구인가. 물속에서 부패한 손은 일반적인 방법
으로는 지문이 나오지 않는다. 통상적으로 익사체나 부패가 진행 중인
시신은 주사기로 시신의 손에 실리콘을 주입해 지문을 떠내지만 이 시
신은 훼손 정도가 심해 그마저도 불가능했다.

조사반은 고온처리법에 희망을 걸어보기로 했다. 뜨거운 물로 피부
를 팽창시켜 숨어 있던 지문을 도드라지게 하는 방법이다. 우리나라에
서 개발한 이 기술은 한국의 지문감식 수준을 세계적인 반열에 올려놓
았다. 실제로 이 방법은 2004년 동남아 지진해일 참사 때 큰 위력을 발
휘했다.

9일 만에 경찰은 지문 채취에 성공했다. 중지에서는 활모양의 궁상
문弓狀紋이, 약지에서는 말굽모양의 제상문蹄狀紋이 확인됐다.

범죄수사를 위해 우리나라 경찰이 이용하는 지문분류법은 함부르크
Hamburg식이다. 1910년 조선총독부가 교도소 수감자의 지문을 정리했

던 방식을 경찰이 그대로 이어받았다. 함부르크식은 무늬와 모양(문형)에 따라 여섯 가지 종류로 지문을 분류하는데, 이를 다시 12개 숫자를 이용해 세부 분류한다. 각각 0~9번까지 번호를 붙이는데, 10번과 11번 대신 번호 중간에 점을 찍은 0번과 9번을 쓴다(예: 0+점, 9+점). 세부 분류 안에서 0이나 1과 헷갈릴 수 있어서다. 각자 자신의 손가락을 유심히 보면 알 수 있지만 같은 사람도 손가락 별로 다른 문형의 지문을 갖고 있다. 한국인에게 가장 흔한 지문은 50.8퍼센트를 차지하는 제상문이다. 흔하다보니 세부 분류만도 5개(2~6번)나 된다. 융선이 흐르는 방향에 따라 갑종 제상문(2번)과 을종 제상문(3~6번)으로 분류하는데, 을종 제상문은 융선의 수에 따라 7개 이하(3번), 8~11개(4번), 12~14개(5번), 15개 이상(6번)으로 나눈다. 45.2퍼센트를 차지하는 두 번째로 흔한 와상문渦狀紋은 소용돌이 모양을 띤다. 역시 융선 수 등에 따라 각각 분류번호 7~9번이 부여된다. 활 또는 파도 문형인 궁상문의 분포율은 3.1퍼센트로 분류번호 1번을 쓴다. 나머지는 기타지문으로 분류하는데 변태문變態紋, 절단문切斷紋, 손상문損傷紋 등이 있다. 변태문(분류번호 9번+점)은 선천적으로 어느 문형에도 속하지 않는 특이한 형태의 지문을 뜻한다. 사고 등에 의해 후천적으로 손가락 지문이 일부 잘린 것을 절단문(분류번호 0번), 화상이나 동상 등으로 지문의 융선이 손상된 것을 손상문(분류번호 0번+점)이라고 부른다.

피해자는 당시 44세의 여성 A씨였다. 약 1개월 전 남편 K(당시 47세)씨에 의해 가출신고가 돼 있었다. 인테리어업을 하는 K씨는 "아내가 9월 15일 직장에 출근한 후 돌아오지 않았다"면서 "내연남과 살기 위해 집을 나간 것으로 생각된다"고 진술했다. 경찰이 A씨의 통화기록을 조회하자 실제로 한 남자가 등장했다. 그는 A씨와 결혼을 하기 위해 이미 이혼해 있는 상태였다. 남편이 한 진술의 신빙성에 무게가 더해졌다. 경찰은 내연남에 대한 집중 수사에 나섰다. 하지만 모든 면에서 그는 분명한 알리바이를 갖고 있었다. 의심할 만한 대목이 하나도 없었다. 결국 수사의 초점은 다시 남편을 향했다.

아내와의 엽기적인 마지막 눈인사

"그놈과 잘 먹고 잘 살고 있겠죠. 걱정도 안 돼요."

남편 K씨가 퉁명스럽게 내뱉은 말에는 부인에 대한 원망이 가득했다. 경찰은 우선 K씨의 아파트 CCTV부터 살펴보기 시작했다. 가출 이후 거의 500시간에 육박하는 녹화분을 샅샅이 뒤졌다.

지루한 녹화 화면과의 전쟁이 시작됐다. 전체 분량을 절반쯤 확인했을 때 화면에 남편 K씨와 아내 A씨의 모습이 등장했다. 10월 2일 오전 10시 10분, 그들이 살던 아파트로 올라가는 모습이었다. "남편 K씨의 진술대로라면 가출신고 후 부인과 만나는 일은 없었어야 하는 거 아냐? 아무래도 K씨가 뭔가를 숨기고 있는 것 같아." 경찰들은 이쯤에서 용의자가 누구인지 80퍼센트 정도 확신하게 됐다.

다시 몇 시간 정도 녹화분을 더 돌리자 등에 뭔가를 짊어지고 혼자 내려오는 남편의 모습이 화면에 나타났다. 큰 이불 보따리였다. 남편은 그걸 자기 승합차에 실었다. 얼마 후에는 검은 비닐봉지와 아내의 핸드백을 갖고 돌아다니는 모습도 포착됐다. 나머지 녹화분에서는 어디에도 부인 A씨가 집을 나오는 모습이 보이지 않았다.

경찰이 남편의 통화내역을 확인한 결과 범행 이틀 뒤인 4일 남편은 경기 김포 등지를 배회하고 있었다. 김포는 시신의 손목이 발견된 강화도와 가까운 곳이다. 경찰은 그가 아내를 살해하고 이틀 뒤 시신을 버린 것으로 판단하고 남편을 체포했다.

처음에 완강히 범행을 부인하던 K씨는 계속된 추궁과 증거 제시에 결국 모든 것을 실토했다. 바람난 아내와 이혼을 협의하다 홧김에 목 졸라 살해했고, 인테리어 가게에서 쓰는 톱과 칼로 집 화장실에서 시신을 토막 낸 뒤 강화대교 밑 바다와 김포대교 밑 강물에 버렸다고 했다.

그는 가출해 내연남과 보름 이상 여행을 떠난 뒤 스스럼없이 이혼을 요구하는 아내를 죽이고 싶었다고 했다.

경찰은 나머지 시신을 수습하는 과정에서 경악을 금치 못했다. K씨가 죽은 아내의 머리를 자기 인테리어 가게의 지하 보일러실에 보관하고 있었기 때문이다.

경찰이 발견했을 때 A씨의 눈은 청테이프로 가려져 있었다. "아내가 눈을 뜨고 죽었는데 그 눈과 마주치는 것이 너무 무섭더군요." 불행한 부부의 마지막 눈맞춤이었다.

헤어드라이어로 부인을 살해하다
치밀한 남편, '전류반'은 못 숨겼네

"거기 119, 119죠? 저, 저희… 어머니가 목을 매셨는데…." 2006년 5월 25일 새벽 4시, 경기 시흥시의 한 아파트. 119구급차의 사이렌 소리가 새벽의 정적을 갈랐다. 사망자는 당시 56세의 주부 A씨. 그는 머리까지 이불을 뒤집어쓴 채 안방에 반듯한 자세로 누워 있었다. 목을 매어 숨진 이를 처음 발견해 바닥에 눕힌 것은 남편 B(56세)씨였다.

"한 시간쯤 전에 집에 돌아오니 아내가 작은방 문에 목을 매어 죽어 있더라고요. 손자들 놀라고 달아놓은 그네용 철봉에 끈을 묶었더군요. 목 뒤 가운데에 매듭이 있었고, 두 발이 공중에 5센티미터 정도 떠 있었어요."

급히 줄을 끊어 안방에 눕혔는데 한밤에 시신과 함께 있자니 무서운 생각이 들어 이불을 덮어놓고 분가한 아들에게 급히 연락했다고 말했다. 남편은 차분하게 상황을 증언했다. 아내의 자살 동기를 묻는 경찰에게 남편은 "나한테 맞은 게 분해서 자살한 것 같다"고 했다.

남편 말에 따르면, 두 사람은 사건발생 몇 시간 전인 5월 24일 오후 10시쯤 부부싸움을 했다. 남편은 이 과정에서 아파트 분리수거장에서 주워온 플라스틱 막대기로 아내를 때렸다. 그러고는 화가 나서 집을 나갔다가 새벽 3시쯤 돌아와보니 아내가 숨져 있었다고 했다. 집 안에는 길이 50센티미터 남짓한 플라스틱 막대기와 부인이 목을 맨 낡은 나일론 끈이 놓여 있었다. 남편은 나일론 끈은 집에서 보던 게 아니라고 했다.

A씨의 목 주변에는 끈 자국이 뚜렷했다. 턱 아래부터 시작된 자국은 목덜미와 턱을 따라 비스듬히 위로 올라가 있었다. 부인의 얼굴에는 심한 울혈이, 양 눈꺼풀에는 많은 일혈점이 보였다. 전형적인 질식사의 흔적이었다. 얼굴, 목, 팔 등에서는 붉은색을 띤 타원형의 크고 작은 상처가 발견됐다. 남편 진술대로라면 부부싸움 때 막대기로 맞은 상처였다. 모두 18곳. 하지만 사인으로 보기에는 상처가 너무 작았다. 검안의는 일단 목을 매어 자살한 것으로 1차 판정을 내렸다. 하지만 이것은 나중에 있을 대반전의 극적 효과를 높이기 위한 보조장치에 불과했다. 결론부터 말하면 그녀는 타살된 것이고 범인은 남편이었다.

___

완전의사에선 없어야 할 울혈과 일혈점

억울한 죽음이 자살로 묻혀버릴 뻔한 것을 막아준 사람은 부검의였다. 그는 시신의 상태와 정황이 어딘지 모르게 아귀가 안 맞는다고 생각했다. 특히 시신 속 일혈점과 울혈에 주목했다.

"목격자(남편)는 목을 맨 부인의 발이 허공에 5센티미터쯤 떠 있었다고 했죠. 매듭은 목 뒤에 걸려 있었고…. 근데 이상해요. 이렇게 교수형당하는 사람처럼 죽으면 질식사와 달리 울혈이나 일혈점이 나타나지 않는 법이거든요."

법의학에서는 A씨처럼 정확하게 목을 매어 죽는 것을 '전형적·완전의사(액사縊死)'라고 말한다. 뇌로 가는 혈류가 순간적으로 막히는 데다 몸 전체가 공중에 떠 하중이 온전히 목에 걸려 시신의 얼굴 부위가 창백하게 변한다. 피가 쏠리지 않으니 당연히 일혈점도 울혈도 나타나지 않는다.

부검의는 몸에 남은 상처도 의심스럽다고 했다.

"정확히는 모르겠지만 막대기에 맞아서 생긴 상처는 절대로 아닙니다. 오히려 화상이나 탕상(湯傷, 물이나 증기에 데인 상처)에 가까워요."

수사진의 시선은 남편을 향했다. 지금까지 그가 해온 진술이 모두 거짓일 수 있다는 판단이 들었다. 하지만 그를 다그치려면 보다 '쉬운 증거'를 찾아야 했다. 남편이 스스로 '들켰구나'라고 느끼도록 하기에는 울혈, 일혈점, 완전의사 등의 법의학 용어가 너무 전문적이었다.

수사진은 아파트 인근을 이 잡듯이 뒤졌고, 그 노력은 이내 결실을 맺었다. 아파트에서 좀 떨어진 공터에서 집에 있던 플라스틱 막대기와 나일론 끈의 나머지 부분을 발견한 것이다. 집에서 발견된 것과 절단면도 정확히 일치했다.

"가만 있자, 남편은 막대기를 이곳 공터가 아닌 아파트 분리수거장에서 주웠다고 하지 않았나. 게다가 여기서 목맬 때 쓴 나일론 끈까지 발견되고…."

일반적으로 목을 매는 사람들은 집에서 쉽게 찾을 수 있는 물건을 사용하기 마련이다. 하지만 이대로라면 자살을 결심한 아내가 한밤중 칠흑같이 어두운 공터까지 와서 어렵사리 끈을 찾았다는 얘기다. 이게 말이 되는가.

형사와 남편의 피 말리는 두뇌 게임이 이어졌다. 조사 8시간째. 심리적인 불안감을 내비치는 남편 앞에 경찰이 그동안 감춰두었던 증거를 내밀었다. 공터에서 발견한 플라스틱 막대기와 나일론 끈이었다.

"모두 공터에서 찾은 겁니다. 왜 거짓말을 하셨습니까."

"…"

"부인을 살해한 건 당신이죠."

남편은 고개를 떨궜다.

전기도 흔적을 남긴다

사건은 엽기적이었다. 불행의 씨앗은 아내의 외도에 대한 남편의 망상증이었다. 증세가 심해진 남편은 급기야 '아내가 밥에 독을 타서 나를 죽이려 한다'는 두려움에 사로잡히게 됐다. 결국 남편은 아내가 자기를 죽이기 전에 먼저 죽이기로 결심했다.

범행은 치밀하게 준비됐다. 그는 헤어드라이어 끝을 잘라 빼낸 전선과 나무막대기 등으로 간이 전기충격기를 만들었다. 과거 철물점을 운영하면서 배운 지식을 총동원한 것이다. 범행에 쓸 나일론 끈과 플라스틱 막대기도 준비했다. 막대기는 전기충격으로 아내 몸에 생길 상처를 마치 맞아서 생긴 것처럼 위장하기 위한 도구였다. 그날 밤 남편은 TV를 보는 아내 뒤로 다가가 모두 아홉 차례에 걸쳐 전기충격을 가했다. 아내가 기절하자 나일론 끈으로 그녀의 목을 매달았다. 15분 후 아내가 죽은 것을 확인한 그는 살인의 흔적을 지운 뒤 아들에게 전화를 걸었다.

자신의 결백을 확인해줄 누군가가 필요하다는 판단에서였다.

뒤늦게 밝혀진 것이지만 부인의 몸에 남은 상처는 전류반電流斑이었다. 데인 상처와도 비슷한 이 자국은 최초 전기가 몸에 들어오고 나온 곳에 각각 흔적을 남긴다. 피부 가장자리가 올라와 있어 마치 분화구 같은 모습을 보이지만, 전류의 세기가 약하거나 몸에 물기가 있다면 반점처럼 작은 자국만을 남긴다.

특히 남편은 상처를 닦아냄으로써 경찰의 감식을 한층 어렵게 했다. 이렇게 흔적이 약할 때는 피부에 철 등의 금속성분이 묻어 있는지 알아보는 것도 도움이 된다. 감전된 피부에는 순간적으로 금속 성분이 녹아서 눌어붙기 때문이다. 보통 육안으로는 확인하기 힘든 양이어서 염산액과 페리시안화칼륨$K_3[Fe(CN)_6]$ 등 시약을 이용하기도 한다. 똑같이 전기가 만든 흉터이긴 하지만 번개를 맞은 사람에게 나타나는 흔적과 전류반은 차이가 있다. 낙뢰를 맞은 사람의 몸에서는 피부 혈관을 따라 고사리 잎 모양의 무늬가 생기는데 이를 뇌문Lightening Print이라고 한다. 오랫동안 남아 있기도 하지만 사람에 따라 금방 사라지기도 한다. 왜 이런 무늬가 생기는지 정확한 원인은 아직 규명되지 않았다. 흥미로운 것은 몸에 남은 전류반의 크기가 크다고 해서 꼭 죽음에 이르는 것은 아니라는 점이다. 전류반의 크기는 전류의 크기(A, 암페어)에 따라 좌우되는데 어떤 사람은 고압선을 만져도 살아나는 경우가 있는 반면, 어떤 사람은 100볼트 미만의 전압에서도 사망할 수 있다. 문헌에 따르면 20볼트의 전류에 노출돼 사망한 사례도 있다. 결국 중요한 것은 몸 안으로 들어온 전류가 뇌간이나 심장 같은 중요 부위를 통과하느냐 마느냐에 달려 있다고 의사들은 말한다. 그렇게 전기도 흔적을 남긴다.

두려움이 만든 '복합자살'

누가 봐도 타살? 알고 보니 자기폭력적 자살

"형제님, 안에 계신가요?" 2003년 2월 16일 오전 10시, 경기 ○○시 ○○읍 철물점 뒤 단칸방. 인근 개척교회의 유모(당시 45세) 목사는 신도 A씨를 깨우려고 문을 열었다가 소스라치게 놀랐다. 세 평 남짓한 작은 방이 천장부터 바닥까지 온통 피 칠갑이 돼 있고, 40대인 A씨는 방 한가운데 엎드린 채 숨겨져 있었다. 뒤통수와 목, 복부 등 상처도 한두 곳에 난 게 아니었다. 방 한구석에는 파이프렌치와 망치가, 또다른 쪽에는 깨진 박카스병과 액자가 널브러져 있었다. A씨의 머리를 때린 것은 바로 그 파이프렌치와 망치였다. 머리 위쪽과 뒤통수에 여러 차례 둔기로 맞은 흔적이 있었고, 턱 아래쪽 목에는 모두 세 개의 자상이 있었다. 복부에도 각각 7센티미터와 4센티미터의 자상이 나 있었다. 한눈에 보기에도 타살의 현장이 분명했다.

알코올중독자의 자살

경찰 감식반은 애를 먹었다. 이 작은 방 어디에서도 살인범의 흔적을 찾을 수 없었다. 천장에 피가 튈 정도로 범행수법이 잔혹했다면 분명히 범인 몸에도 피가 튀었을 테지만 출입구에는 나간 흔적이 없었다. 현장에서 수많은 족적과 지문이 나왔지만 모두 숨진 A씨의 것이었다. 혈흔도 의문을 던졌다. 혈흔이 그려낸 죽은 이의 최후는 결코 탈출하려는 사람의 모습이 아니었다. 감식반은 마지막으로 DNA와 지문에 기대를 걸었다. 그 결과 또한 실망스러웠다. 어렵게 채취해 의뢰한 11개의 증거자료 어디에서도 침입자의 흔적은 나타나지 않았다. 죽은 사람의 몸이 크게 훼손돼 있으면 통상 사람들은 타살을 떠올린다. 피범벅 등 현장이 잔혹할수록 이런 생각은 짙어진다. 이건 수사관들도 예외가 아니다.

A씨 사건은 한 달여의 수사 끝에 자살로 결론 났다. 경찰이 판단한 사건의 정황은 이랬다.

이혼 후 심한 알코올중독 증세를 보이며 삶을 비관해오던 A씨는 자살을 결심했다. "못 박을 게 있다"며 철물점 주인집에서 망치와 파이프렌치를 빌렸다. 그는 이것들로 여러 차례 자기 머리를 내리쳤다. 그러나 뜻대로 되지 않았다. 날카로운 것을 찾아 부엌으로 갔다(이런 동선은 문지방과 부엌에서 나온 적하혈흔 등을 통해 추론된 것). 마땅한 것이 없자 그는 유리를 떠올렸다. 깨진 박카스병과 액자 유리를 차례로 이용해 자기 몸을 찌르고 벤 것이다.

결국 그는 숨을 거뒀다. 부검 결과 목과 배에 나타난 상처는 A씨가 오른손에 거머쥐었던 유리 조각에 의한 것으로 결론 났다. 현장에서 다른 사람의 DNA나 지문이 전혀 나오지 않은 점도 자살로 무게중심을 옮기게 했다. 정황증거도 참고가 됐다. 그는 불과 6개월 사이에 네 차례나 자살을 시도했었다. 손목을 긋고, 차에 뛰어들고, 돌로 스스로 머리를 내리쳤다. 그때마다 유 목사 등 주변 사람의 도움으로 살아나곤 했다.

70대 자살 노인, 급소 못 찾아 '주저흔' 남겨

현장의 참혹함은 때론 검안의마저 혼란에 빠뜨린다. 다음은 검안의까지 타살로 규정했다가 나중에 뒤집어진 경우다.

2003년 12월 10일 오후 5시, 경기 OO시 한 주택가. 방안에는 70대 노인 B씨가 벽을 향한 채 숨져 있었다. 목에 감긴 전깃줄은 벽 위쪽 못에 걸려 있었다. 중풍으로 거동이 불편한 B씨였다. 이마와 머리 곳곳에 각각 칼에 베이고 망치에 찍힌 듯한 상처들이 나타났다. 방 한쪽에서는 피가 엉겨붙은 망치와 칼이 발견됐다. 시신을 검안한 인근 병원 의사는 "목에 있는 끈 자국은 누군가 전기선 등으로 잡아당긴 교사일 가능성이 크다"면서 "이마와 얼굴에 난 칼과 망치 자국은 각각 열상과 좌상으로 중풍에 걸린 노인이 자해해 생긴 것으로 보기 어렵다"고 말했다.

하지만 이어진 부검과 경찰 조사에서 이 말이 뒤집혔다. B씨는 최종적으로 스스로 목을 매어 자살한 것으로 결론 났다. 부검의는 "이마와 얼굴에 출혈을 동반한 상처가 여럿 있긴 하지만 뇌 등 주요 장기를 다치게 할 만큼 치명적인 것은 아니다"라고 하면서, "목을 구성하는 방패연골이나 목뿔뼈 등이 부러지지 않았고 목 주위 물렁뼈 등에도 손상이 없는 것으로 봐서 죽음의 원인은 타인의 목누름에 의한 질식사가 아니다"라고 밝혔다. 가족과 건강문제 등을 비관한 노인은 자기 집에서 망치와 칼, 한복 끈과 전깃줄 등으로 모두 네 차례에 걸쳐 자살을 시도했다는 게 국립과학수사연구원과 수사진의 결론이었다.

이렇게 두 가지 이상의 방법으로 자살하는 것을 법의학에서는 복합 자살Complex suicides이라 부른다. 첫 번째 시도가 실패하자 2차, 3차 계속해서 자살 시도를 이어가는 '비계획적 복합자살'과 확실히 자살하기 위해 동시에 두 가지 이상의 방법을 쓰는 '계획적인 복합자살'로 구분된다. 첫 번째 자살이 실패했을 때 많은 사람은 목을 매거나 높은 곳에서 몸을 던지는 방법을 택한다. 무려 다섯 가지 방법을 거쳐서 결국 목숨을 끊은 사례도 있었다. 전체 자살의 5퍼센트는 이런 복합자살이라고 하니 희귀한 일이라 볼 것만은 아니다. 자살의 현장은 타살과 사뭇 다른 점들이 있다. 자살하는 사람은 주변을 정리하려는 습성이 있다. 때문에 집안은 물론 신발부터 소지품까지 주위 정돈이 잘 되어 있다. 목욕을 하는 등 몸단장을 하고 속옷도 갈아입는 일이 많다. 이런 이유에서인지 병중인 경우가 아니라면 잠옷 바람에 자살을 선택하는 사람은 거의 없다. 흉기를 이용해 자살하는 경우에는 보통 자기 집에 있는 도구를 이용한다. 실패하는 일이 없도록 날을 갈아놓기도 한다. 흉기는 시신에 꽂혀 있거나 바로 옆에서 발견되는 일이 많다.

여기서 드는 의문 한 가지. '기왕 죽을 작정을 했다면 왜 그토록 자신에게 가혹하게 굴까' 하는 점이다. 법의학자들은 자살하는 사람들의 미묘한 심리변화를 이해할 필요가 있다고 말한다. 흉기로 자살하려는 사람은 고통 없이 빨리 죽고 싶다는 생각을 하면서도 한편으로는 겁을 낸다. 고통에 대한 두려움 때문이다. 국립과학수사연구원 관계자는 "영화

를 보면 타살의 흔적은 무조건 잔혹하게, 자살의 흔적은 평안하게 그려
지지만 실제는 이와 반대인 경우가 상당수"라면서 "때론 자살자의 몸
에서도 수십 개의 자상(베이는 것)이나 창상(찔리는 것)이 발견되기도 하
는데 이 때문에 상처의 개수만으로 자살, 타살을 구분하는 것은 무리"
라고 말했다. 스스로 치명적인 곳을 한 번에 찾지 못하는 경우도 많다.
이런 상처를 모두 법의학적으로는 주저흔이라고 부른다. A씨와 B씨의
몸에 난 여러 개의 상처 역시 주저흔이다. 죽음에 이르는 과정은 순탄치
않다. 또 삶과 죽음의 갈림길에 선 이들도 마지막 순간까지 그렇게 고민
한다. 생生은 그만큼 소중한 것이기 때문이다.

• 신창원은 왜 고무장갑을 택했을까 •

2011년 8월 18일, 신창원이 경북 북부 제1교도소(구 청송교도소) 독방에서 목을 매어 자살을 기도하는 사건이 벌어졌다. 교도소를 맨몸으로 탈출해 2년이 넘게 15만 경찰을 농락했던 '희대의 탈옥수'는 이날 새벽 4시 10분쯤 고무장갑으로 스스로 목을 졸랐다. 신음하던 그를 다행히도 교도관이 발견해 자살은 결국 미수에 그쳤다. 신출귀몰했던 신창원이었기에 옥중 자살시도는 세간의 화제가 됐다.

그는 왜 자살도구로 굳이 고무장갑을 선택했을까. 법의학자들은 신창원의 명석함이 돋보이는 대목이라고 지적한다. 신창원과 조두순 등이 갇혀 있는 경북 북부 제1교도소 독방은 희대의 흉악범이 모여 있는 곳으로, 자살 등을 막기 위해 24시간 CCTV를 통한 감시가 이뤄진다. 또한 독방에 오래 머물면 위험한 물품을 만들 수 있다는 판단 아래 6개월에 한 번씩 방을 바꾼다. 물론 자살 등에 이용할 수 있는 끈 종류는 절대 반입이 불허된다.

이런 상황에서 신씨는 지난 1월 설거지와 빨래를 하려고 교도소에서 산 고무장갑으로 목을 조여 자살을 기도했다. 교도소 측이 독방 안에 목을 매달 수 있는 곳(고리나 창살)을 철저히 봉쇄했기에, 신씨는 스스로 목을 조르는 자교사自絞死를 선택한 것으로 보인다. 법의학적으로 자기 손으로 목을 졸라 자살하는 자액사自扼死는 불가능하다. 먼저 자살 결심이 아무리 강하다 해도 10~15초 후 의식을 잃어가는 과정에서 자연스럽게 손의 조르는 힘이 약해져 자살이 불가능해진다. 하지만 고무장갑처럼 탄성이 있는 소재라면 이야기는 달라진다. 목에 어느 정도의 압력만 가해지면 자살의 성공률은 높아질 수밖에 없다. 국립과학수사연구원 관계자는 "고무장갑처럼 탄성이 강한 물건은 묶지 않고 엑스자로 교차만 시켜놔도 목에 가해지는 압력을 유지할 수 있다는 점에서 신창원이 교도소 안에서 찾기 쉬운 고무장갑을 고른 듯하다"면서 "만약 알고 고무장갑을 선택했다면 두뇌 하나는 정말 비상한 친구"라고 말했다.

누명을 벗겨준 거짓말탐지기
범인 잡는 거짓말탐지기, 무죄 밝혀준 변호인이 되다

볼 수 있는 귀와 들을 수 있는 귀를 가진 인간이 비밀을 간직하기란 참 어려운 일이다. 만일 어떤 내용을 발설하지 않으려고 입술을 굳게 다문다고 해도 그의 손가락 끝으로 말을 내뱉고 각각의 땀구멍으로 비밀을 누설시킬 것이다.

-정신분석학자 지그문트 프로이트(1856~1939)

"대체 둘 다 어딜 간 거야. 휴대전화는 꺼놓고…."

2002년 7월 초 어느 날. 한일월드컵 4강 신화의 감동이 온 나라를 뜨겁게 달궜던 그해 여름이었다. 서울 성북구의 한 아파트에서 집주인 A(당시 37세)씨의 여동생은 걱정과 답답함에 미칠 지경이 되어가고 있었다. 언니에게 골백번 전화를 해도 도무지 응답이 없었다.

평일인데 가게 문도 열지 않은 채 이틀째 잠적 중인 언니 걱정에 오늘

하루만 세 번이나 아파트를 찾아갔다. 자주 신는 구두와 가방이 눈에 띄지 않는 걸로 봐서는 외출한 것 같기도 했지만 이렇게 연락을 완전히 끊은 적은 없었던 A씨였다.

건넌방에 세 들어 사는 직장 여성 B(당시 26세)씨도 보이지 않았다. 만약 언니에게 무슨 탈이 났다면 B씨는 알 것이라고 생각했지만, 그 역시 연락이 되지 않으니 바짝바짝 가슴이 타 들어갔다.

마냥 기다려서 될 일이 아니라고 판단한 가족들은 집안을 샅샅이 뒤지기 시작했다. 결국 그날 밤 A씨는 차가운 시신으로 발견됐다. 자기 방 침대 밑에서 속옷만 걸친 채 숨져 있었다. B씨도 자기 방 침대 밑에서 같은 자세로 절명해 있었다. 두 시신 옆에는 지갑, 휴대전화, 구두가 가지런히 놓여 있었다. 한집에서 여성 두 명이 동시에 살해된 것이다.

"면식범 소행이다" 확신했지만…

경찰 감식반은 혀를 내둘렀다. 범인은 시신 발견 시간을 최대한 늦추기 위해 구두와 지갑까지 숨겨놓을 정도로 치밀했다. 두 사람 모두 끈으로 목이 졸려 숨졌다는 것 외에는 단서가 없었다. 현장은 청소라도 한 듯이 깨끗했다. 창이나 현관문에도 강제로 뜯거나 연 자국이 보이지 않았다. 시신도 깨끗했다. 손톱 밑에 남았을 법한 범인의 혈흔이나 살갗, 털, 보풀 같은 미세증거물도 없었다. 정액 반응 역시 없었다.

경찰은 면식범의 소행에 수사의 방향을 맞췄다. 피해자가 아무리 힘없는 여성이라고 해도 면식범이 아니라면 흔적 없이 들어와 두 명을 살해하고 감쪽같이 사라지기는 어렵다고 판단했다. 국립과학수사연구원이 판단한 두 사람의 사망 시점은 하루 전 오전 1~6시였다.

이 대목에서 경찰의 사망시점(사후 경과시간) 추론 방법을 살펴보자. 여기에는 통상 직장直腸체온을 바탕으로 한 '헨스게 계산도표Henssge Nomogram'와 사후 강직도 등이 이용된다. 사후 경과시간을 구하는 공식은 '(37도-직장체온)÷0.83×보정계수'다. 보정계수는 계절에 따라 겨울에는 0.7, 봄·가을에는 1.0, 여름에는 1.4를 적용한다. 이를테면 어떤 사망자의 발견 당시 직장체온이 27도이고 계절이 가을이었다면 그 사람은 약 12시간 전에 사망한 것으로 볼 수 있다.

경찰은 유력한 용의자로 두 남자를 꼽았다. 첫째는 B씨의 약혼남 C씨. 그에게 최근 다른 여자가 생겨 B씨와 말다툼이 잦았고, B씨로부터 3000만 원가량의 돈도 빌린 상태라는 주변 진술이 나왔기 때문이다. 당일 알리바이도 분명치 않았다. 둘째는 A씨의 헤어진 동거남 D씨였다. 그는 "시신이 발견되기 전날 밤 회식을 마치고 자신의 차 안에서 잠이 들었다"고 했지만, 차가 주차된 곳은 숨진 A씨의 아파트 앞이었다.

—

유력한 용의자의 유일한 우군은 기계였다

하지만 물증은 어디에서도 나오지 않았다. 그렇게 사건발생 5일이 흘렀을 때 제3의 인물이 등장했다. 사건현장에서 사라진 두 장의 현금카드에서 총 380만 원이 인출된 사실이 확인됐다. 현장 CCTV에는 긴 얼굴에 주걱턱을 한 20대 후반의 남자가 두 차례에 걸쳐서 현금을 빼내는 모습이 담겨 있었다. 경찰은 이를 토대로 수배전단을 만들었지만, 여전히 기존 용의자 두 명에 대한 의심의 끈도 놓지 않았다. CCTV 속 남자는 그저 공범에 불과할 수 있다는 판단에서였다. 경찰은 거짓말탐지기를 통해 진실을 가리기로 했다.

"A씨를 살해한 후 침대 밑에 감춰뒀습니까?" "세 들어 사는 B씨도 당신이 살해했습니까?"

범인이 아니라면 알 수 없는 구체적인 상황을 묘사한 후 검사관은 두 사람의 호흡과 심장박동, 피부 전류반응, 심혈관 반응 등을 측정했다. 세 시간의 조사 끝에 검사기에서 나온 반응은 의외였다. 탐지기는 유력한 용의자 두 명 모두 범인이 아니라고 말하고 있었다.

여기서 잠깐. 거짓말 탐지의 역사는 조선시대 생쌀에서부터 시작된다. 거짓을 말하면 침이 마르는 현상에 착안해서 조상들은 용의자의 입안에 생쌀을 넣어 상태를 확인하곤 했다. 생쌀이 말라 있으면 범인이 되는 셈이다. 교감신경의 자극이 언뜻 우스꽝스러워 보이는 이 방법에 적잖은 무고한 사람들이 억울하게 범인으로 몰렸을 법도 하다. 우리나라에서 거짓말탐지기가 적극적으로 이용된 것은 1980년대 이후다. 1981년 발생한 '이윤상 군 유괴사건'에서 거짓말탐지기는 범인 주영형에게 쇠고랑을 채우는 데 결정적인 역할을 했다. 당시 이용된 장비는 1975년 미국의 스톨링사Stoeltling Co.가 개발한 수동식 모델이었다. 거짓말할 때 나타나는 심장박동수와 혈압, 땀, 전류반응 등을 통해 미묘한 변화를 잡아내 진술의 신뢰성을 판단하는 방식이다. 초기 수동식 모델은 이후 컴퓨터를 이용한 거짓말탐지기로 업그레이드 됐는데 현재도 일선 경찰은 이 회사의 장비를 사용한다. 반면 검찰은 경쟁사인 스톨링사보다 정확도를 더 높였다고 주장하는 후발주자 라파예트사Lafayette Instrument company의 LX-5000W 기종을 사용한다.

최근 들어서는 뇌파(p300) 변화를 측정해 범인의 기억을 추적하는 뇌지문 탐지 기술도 많이 이용된다. 뇌에 기억되어 있는 범죄 장면 사진

이나 단어 등을 보여주면서 뇌파의 반응을 분석해 거짓말 여부를 알아
내는 장비다. 예를 들어 범인만 알 수 있는 범죄현장의 모습이나 흉기
사진, 피해자 얼굴 등을 보여줬을 때 범인의 뇌파는 다른 사람과 확연한
차이를 보인다. 뇌기억반응탐지기라고도 불리는 이 기계는 2009년 부
산 여중생 성폭행 살인범 김길태의 자백을 얻어내는 데 결정적인 역할
을 했다. 거짓말탐지기와 뇌파탐지기 모두 유용하게 쓰이지만 한계가
있다. 복잡하게 측정장비를 부착해야 하기 때문에 피검사자의 사전 동
의가 필요하다는 점이다. 실제 기존 거짓말탐지기는 호흡과 피부, 혈압
등에서 보이는 변화를 측정하기 위해 최소한 5개 이상의 장치를 몸에
붙여야 한다. 뇌기억반응탐지기 역시 머리 쪽에 최소 10개 이상의 측정
장치(뇌침)를 부착한다.

최근 주목을 받는 첨단기술은 감정이 변할 때마다 머리에서 나타나
는 미세한 진동 주파수를 읽어내는 '바이브라Vibra 이미지'라는 기술이
다. 전정기관이 달려 있는 인간의 머리는 항상 미세하게 움직이는데 이
런 움직임은 인간의 심리나 정서에 관련되어 있다. 이 때문에 미세한 움
직임의 공통점을 읽어내면 심리도 읽을 수 있다는 원리다. 카메라로 얼
굴을 찍은 뒤 진폭과 진동수를 측정해서 해석 과정을 거치면 얼굴만 보
고도 거짓을 말하는지, 진실을 말하는지 마술처럼 알 수 있다. 가장 큰
장점은 별도의 질문지나 몸에 붙이는 측정장치 없이도 사람의 감정을
읽어낼 수 있다는 점이다. 장비의 활용도는 무궁무진하다. 예를 들어 특
정 장비를 부착한 카메라만 들이대면 비리 의혹으로 청문회에 서 있는
관료의 말이 참인지 거짓인지를 알 수 있다. 2002년 러시아에서 개발한
이 기술은 독일, 이스라엘 등 일부 국가의 국가기관과 공항 등에서 이용

되고 있다.

　사건의 실마리는 엉뚱한 곳에서 풀렸다. 인천 부평경찰서의 강력계 형사가 수배전단을 보고 직접 전화를 걸어왔다. 자기들이 부녀자 강도 살인혐의로 검거한 김모(29세) 씨의 얼굴이 전단지 속의 얼굴과 같다고 했다. 직접 대조해보니 CCTV 속 남자와 일치했다. 범인은 모든 것을 순순히 털어놨다.

　"별다른 이유는 없었어요. 돈암동 누나 집에 가던 중에 기름이 떨어져 무작정 아무 집이나 털기로 했죠. 마침 그 집 사람들이 문을 열어놓고 자더라고요."

　그는 잠자던 두 여자를 목 졸라 살해한 뒤 느긋하게 증거들을 지워갔다. 여성 세 명의 목숨을 앗아간 그는 대법원에서 사형 확정판결을 받았다. 형 집행이 이뤄지지 않은 채 9년째 복역 중이다.

· 내게 거짓말을 해봐 ·

거짓말을 잡아내는 것은 비단 기계만 할 수 있는 일은 아니다. 거짓말을 할 때 인간은 한쪽으로 지금 내뱉는 말은 거짓이라는 비언어적 행동들을 한다. 티를 내지 않으려고 아무리 노력해도 소용없다. 인간의 정서와 비언어적 영역들은 자동적으로 연결되는 면이 있어 스스로 통제하기 어렵기 때문이다. 물론 영화 속 스파이나 특수요원들처럼 감쪽같이 거짓말하는 법을 훈련할 수도 있다. 하지만 영화는 영화일 뿐. 얼굴, 몸짓, 말 등을 통해서 거짓말은 무의식중에 드러난다. 그럼 거짓말할 때 무의식적으로 표출되는 비언어적 행동에는 어떤 것들이 있을까. 학자들은 거짓말을 할 때 사람의 표정은 부자연스러워질 수밖에 없다고 말한다. 얼굴의 위쪽과 아래쪽은 각기 다른 안면신경에 의해 움직이는데 대부분의 사람은 위쪽보다는 아래쪽을 보다 쉽게 컨트롤한다. 눈가에 미소를 짓는 것보다 입가에 미소를 짓는 것이 쉬운 이치다. 따라서 일반인이 거짓말할 때 의식적으로 편안한 표정을 지으려 노력한다면 입술은 자연스러운 척을 할 수 있을지 몰라도 눈매는 그렇지 못하게 된다. 폴 에크만Poul Ekman이라는 학자는 대표적으로 미세한 표정, 찌부러진 표정, 두려워하는 미소, 가짜 미소, 굳은 얼굴 등을 꼽았다.

몇 가지 행동도 거짓말을 잡는 데 유용한 힌트다. 대표적인 것이 피노키오 효과Pinocchio effect다. 거짓말 중인 사람은 코를 자주 만진다. 거짓말을 하면 불안해지고 혈압이 올라가 코가 간지러워지기 때문이다. 따라서 무의식중에 코를 만지작거린다든지 긁게 된다. 같은 이유로 팽창된 혈관은 얼굴 전체나 볼, 귀 등에 홍조를 만들기도 한다. 얇고 빠른 호흡, 확대된 동공, 깜박거리는 눈, 입 주변을 맴도는 손 등이 거짓말을 할 때 나타나는 징후다. 또 말할 때 음성이 갑자기 높아진다든지, 의미 없는 헛기침을 하거나 대답이 짧아진다면 거짓말을 하고 있다고 의심해 볼 만하다. 말실수가 잦거나 마른침을 삼키는 것도 마찬가지다.

거짓말은 아니지만 사람의 머리 위치 등이 심리상태 등을 보여주기도 한다. 학자들은 말할 때 상대방의 머리 위치가 어디에 있는지도 눈여겨볼 만하다고 말한다. 다른 사람의 말에 귀를 기울이는 사람은 머리가 자연스럽게 한쪽으로 기울게 되지만, 머리를 똑바로 유지하는 경우는 자신도 모르게 화가 나 있다는 사인이다. 또 머리를 가슴 쪽으로 떨구는 모습은 마음이 우울하거나 수용하고 있음을 나타낸다. 하지만 이 같은 비언어적 행동들을 정확히 읽어내는 것 역시 많은 훈련이 필요하다. 수사관이 비언어적 행동을 직접 읽기보다는 거짓말탐지기를 이용하는 이유다.

청장년 급사 증후군
그 남자를 노리는 '한밤 통증', 동양인의 저주?

모든 시신은 죽음의 순간과 죽음의 진실을 품고 있다. 하지만 친절히 그것들을 일러주지는 않는다. 시신들이 던져놓은 수수께끼를 밝혀내는 것은 온전히 남아 있는 인간들의 몫이다. 하지만 법의학에는 인간의 능력이 미치지 못하는 한계들이 많다. 대표적인 예가 '청장년 급사증후군 SMDS, Sudden Manhood Death Syndrome이다. 다소 생소한 이 단어를 처음 접한 것은 술자리에서였다. "요즘 들어 청장년 급사증후군 부검 케이스가 꽤 늘어났어." 평소 잘 알고 지내던 국립과학수사연구원 간부가 불쑥 이렇게 말했다. 귀가 번쩍했다. 직업병이다. 전염병에 걸리기라도 한 듯, 한창 나이에 사람들이 이유 없이 죽어 나간다는데 얼마나 관능적인 기삿거리인가.

장면1

2010년 8월, 경남 김해의 한 아파트. 자기 방에서 잠자던 회사원(29세)이 숨진 채 발견됐다. 최초 발견자인 부인은 남편이 평소와 다름없이 퇴근해 적당한 시간에 편안히 잠자리에 들었다고 했다. 술을 마신 것도, 전날 과로를 한 것도 아니었다. 지병이 없던 건강한 가장은 예고도 없이 부인 곁을 떠났다.

장면2

2011년 3월 17일 새벽 5시 30분, 충북 청주의 한 오피스텔 6층에서 대학 교수(57세)가 숨진 채 발견됐다. 그의 아내는 경찰에서 "전날 저녁 6~7시 사이에 밥을 먹고 밤 10시쯤 잠든 남편이 새벽에 깨워도 움직이지 않고 숨을 쉬지 않았다"고 말했다.

두 사건은 발견 당시 사망자에게서 외상 등이 발견되지 않았고 부검 후 타살 흔적도 없어 범죄와 무관한 것으로 마무리됐다.

청장년 급사증후군이란 주로 10~40대 남성에게 닥치는 원인 모를 죽음을 말한다. 평소 건강에 별 이상을 느끼지 못했던 사람이 한밤(통상 오전 2~4시)에 갑자기 앓는 소리 등을 내다가 비명횡사하는 경우가 이에 해당한다. 전날 술을 과하게 마신 것도, 약물에 중독된 것도 아니다. 과로나 성행위, 과식 등이 원인이라는 의견도 있지만 아직은 추정에 불과할 뿐이다. 심장 등 내장기관의 무게부터 모양, 관상동맥, 중추신경, 소화기, 뇌까지 샅샅이 훑고, 심지어 약물검사를 해봐도 끝내 이렇다 할 사인死因이 나오지 않는다. 답이 없으니 부검의는 사인을 그냥 청장년 급사증후군이라고 적을 수밖에.

잠시 부검 과정을 살펴보자. 흔히 부검이라고 하면 칼로 몸을 해부하는 것만 생각하지만, 검안도 조직검사도 부검의 일종이다. 칼을 대기 전 부검의는 시신을 머리부터 발끝까지 샅샅이 살펴본다. 필요하면 사망자의 코나 입 주변에 코를 대고 냄새도 맡는다. 일부 독극물은 과일 향기가 나기도 하는데 후각을 이용해 검사한다. 성폭력의 흔적이 있는지 방어흔이 있는지도 칼을 대기 전에 면밀히 확인해야 하는 작업이다.

검안이 끝나면 가슴부터 배 아래까지를 절개한다. 가슴과 배가 열리면 장기를 살핀 후 심장과 폐, 간, 비장, 신장 등의 순서로 떼어낸 뒤 무게를 잰다. 어느 기관에 출혈 등이 있었는지 알아보는 과정이다. 내장기관 등에 출혈이 있다면 그 양도 반드시 재봐야 한다. 출혈량이 치사량을 넘는지 알아보는 작업이다. 사람은 몸에 총 5~6리터의 피를 품고 있는데 약 20퍼센트에 해당하는 1~1.5리터 정도의 피를 흘리면 사망에 이른다.

머리는 가장 나중에 연다. 뇌를 떼어낸 뒤 경막과 두개골의 상태를 살피는데 특정한 충격이 있었는지 알아보는 과정이다. 특정 부위에 상처가 보일 때는 그 부위를 집중적으로 검사한다. 근육 등에 남아 있는 타살의 흔적 등을 찾아가는 과정이다. 모든 검사가 끝나면 장기나 뼈는 되도록 원위치에 놓고 꿰맨다. 부검이 끝난 시신이 부검 전보다 아름다워야 한다는 것이 법의학자들의 이야기다.

과거에는 이런 미확인 죽음에 대개 '급성 심장사' 또는 '급성 심부전'이라고 사인을 적었다. 하지만 의학계에서 "실제 사인이 심장과 무관한 경우가 적지 않다"는 문제 제기가 나왔다. 심장이 멈추는 것보다 호흡정지가 먼저 나타나는 일도 있기 때문이다. 세계보건기구 등에서 정의하는 급사의 정의는 24시간 안에 죽음에 이르는 것을 말하지만, 현장 의사들은 몸에 이상 징후가 나타난 뒤 한 시간 안에 죽음에 이르는 것을 급사로 말한다. 통계청에 따르면 2010년 20~40대 중 원인불명 급사를 당한 사람이 248명에 이른다.

특이한 점은 청장년 급사증후군은 주로 동양인에게 많다는 점이다. 이런 이유에서인지 유독 아시아 국가의 언어에 수면 중 돌연사를 부르는 특정 단어들이 존재한다. 일본에서는 '폿쿠리ぽっくり', 필리핀에서는 '붕궁우트Bungungut', 동남아시아에서는 '논라이타이'라고 한다. 우리말로는 '가위눌림에 인한 죽음'쯤이 될 것이다.

돌연사는 갓난아기에게서도 나타난다. 1세 이하에 나타나는 영아 급사증후군SIDS, Sudden Infant Death Syndrome이다. 부검 과정에서도 실마리 하나 발견하지 못할 때가 있다. 통계청에 따르면 2010년 영유아 급사증후군으로 사망한 아이는 모두 92명(남자 53명, 여자 39명)으로 전체 영아 사망의 6.1퍼센트를 차지한다. 영아 급사증후군이 나타나는 비율은 인구 1만 명 중 2명 정도. 역시 남자아이에게 많이 나타나는데 생후 2~4개월 사이, 한밤에서 이른 새벽 사이에 빈도가 높다.

국립과학수사연구원 사람들은 좀처럼 미국 TV시리즈 중 〈CSI〉 같은 과학수사 드라마를 보지 않는다. 천리안처럼 척보면 모든 걸 알아내는 드라마 내용이 현실과 너무 동떨어져 있다는 게 이유다.

맨 앞에 언급한 국립과학수사연구원 간부의 말. "시신은 많은 것을 말해주지만, 아직 그걸 모두 읽기엔 살아 있는 사람들의 능력이 많이 부족해. 그래서 난 허리에 손 올리고 모든 걸 안다는 척하는 호레시오 (〈CSI〉의 주인공)가 너무 싫어!"

· 선풍기의 저주 ·

여름철이면 누군가 밤새 선풍기나 에어컨을 틀어놨다가 사망했다는 사고 기사를 종종 볼 수 있다. 저체온증이나 산소 부족이 죽음의 원인으로 추정된다는 친절한 설명도 붙어 있다. 이런 뉴스를 접한 탓에 우리나라 사람들은 한여름 잠들기 전 방 안에 선풍기라도 켤라치면 혹시나 하는 마음에 방문 한쪽을 살짝 열어놓는다든지 타이머를 설정해놓곤 한다. 하지만 법의학계에서는 에어컨이나 선풍기를 틀어놓은 채 잠이 든다고 해서 죽음에 이르지는 않는다고 말한다.

우선 저체온증 때문에 사망에 이르려면 체온이 27~28도까지 떨어져야 한다. 정상체온(36.5도)에서 최소 8.5도 이상 떨어져야 한다는 말이지만, 이 같은 치명적인 체온 하락은 한겨울 산속에서 조난당했을 때처럼 영하의 온도에 장시간 노출돼야 일어날 수 있는 증상이다. 질식사도 가능성이 낮기는 마찬가지다. 선풍기 바람이 강해 숨을 쉴 수 없을 정도라면 창문을 열고 차를 운전하는 사람들 역시 호흡곤란 등으로 질식사하는 일이 생겨야 한다. 밀폐된 방에 선풍기를 오래 켜두면 이산화탄소 농도가 올라간다는 설도 있지만 역시 과학적 근거는 없다. 국립과학수사연구원 관계자는 "매스컴은 물론 일부 수사기관 종사자들도 선풍기나 에어컨을 켜놓고 자면 저산소나 저체온증에 의해 죽는 것으로 보도하는 일이 많은데 과학적으로는 물론 부검을 통해서도 증명된 적이 없다"면서 "여름철 에어컨이나 선풍기가 주범으로 지목된 주검을 부검하면 사인은 대부분 심장질환이나 뇌혈관질환, 지나친 음주로 인한 내인성 급사"라고 말했다.

이런 이유에서 2009년 대법원은 "에어컨을 켜놓은 방에서 자다가 숨졌더라도 에어컨에 의한 저체온증이 사인이라고 단정할 수는 없다"고 판결했다. 에어컨이나 선풍기를 밀폐된 방에서 틀어놓고 자면 사망한다는 속설에 대해 의학적인 근거가 없다는 유권해석을 내린 것이다. 단 히터를 틀어놓고 잤을 때는 상황이 다르다. 밀폐된 공간에서 난방기구를 틀면 이산화탄소가 생겨 심각한 중독을 유발할 수 있기 때문이다.

억울한 죽음의 단서가 된 치아
부패한 시신, 말없이 증언하는 '어금니'

"여기 터널 옆인데요, 썩은 내가 아주 진동을 해요. 빨리 좀 와주셔야 겠는데…."

2004년 8월 7일 저녁 7시, 경기도 군포의 한 지구대 사무실. 온종일 머리 위를 내리쬐던 여름 해가 스스로 열기를 식혀갈 무렵, 한 통의 전화가 걸려왔다. 경험상 차에 치어 죽은 야생동물을 치워달라는 전화인 듯했다. 출동하는 경찰에겐 그리 달갑지 않은 신고다. 짐승이 심하게 부패했다고 하니 발걸음이 더 무거웠다.

신고자가 말한 장소는 터널을 빠져나와 차가 내리막으로 접어드는 곳. 경찰은 십중팔구 숲에서 튀어나온 고라니 등이 차에 치어 죽은 것으로 생각했다. 현장 부근에 이르자 악취가 진동했다. 그런데 이상하게도 악취가 나는 곳엔 뭔가가 담긴 보자기가 놓여 있었다. 막대기로 조심스레 보자기를 들춰보던 지구대 경찰은 순간 고개를 돌렸다. 형체를 알아보기 어려웠지만, 사람이 분명했다.

로드킬이 아닌 살인의 현장이었다.

다음 날 아침, 감식반이 확인한 시신은 신장 155센티미터의 여성이었다. 나체 상태로 이불과 보자기에 싸여 있던 여성은 이미 신체의 70퍼센트가량이 부패한 상태였다. 겉으로 보기엔 사망한 지 몇 달은 된 듯했다. 특히 상체 부분의 부패가 심해서 지문 채취는 시도조차 할 수 없는 상황이었다. 뼈만 앙상한 손과 목에는 플라스틱 구슬로 만든 반지와 목걸이가 걸려 있었다. 10대 소녀들이 즐길 만할 액세서리였지만 두꺼워진 손톱과 발톱, 파마를 한 머리모양이나 매니큐어를 칠한 것 등을 봐서는 청소년은 아닌 듯했다. 나이조차 가늠하기 어려운 상황. 시신은 국립과학수사연구원으로 옮겨졌다.

그녀의 어금니가 힌트를 남겼다

부검의는 시신 오른쪽 두개골이 함몰된 것을 발견했다. 뭔지 모르지만 커다란 둔기에 부딪혀 머리뼈가 깨진 것이 죽음의 원인이라고 판단했다. 죽음을 당한 여인이 누군지를 찾는 것이 급선무였다. 최종적으로 지문감식이 불가능하다는 결론을 내린 국립과학수사연구원은 사망자의 치아를 통해 진실을 찾는 법치의학에 마지막 희망을 걸어보기로 했다.

사망자의 치아가 법의학적으로 유용한 이유는 크게 세 가지다. 치아는 한번 손상되면 회복할 수 없기 때문에 사람들은 저마다 고유의 치과 기록을 안고 살아간다. 치료의 흔적은 고스란히 치아에 남아 있다. 또 치아는 지문처럼 개인마다 간격과 배열 상태, 위턱과 아래턱뼈의 교합

상태, 유치의 잔존 여부 등이 다르다. 게다가 치아는 웬만한 화재에도 끄떡없고 잘 썩지도 않는다. 흥미로운 점은 치열의 배열 상태만 보고도 황인종인지 백인종인지 흑인종인지를 대략 알 수 있다는 점이다. 황인종은 치열이 포물선형을 보이지만 흑인종은 U자형, 백인종은 V자형이 많다. 남자인지 여자인지도 어림잡을 수 있다. 남자의 치아는 전반적으로 크고 여자의 치아는 작은데 개중 가장 차이가 큰 것은 송곳니, 별 차이가 안 나는 것은 앞니다.

치아 마모도를 검사한 결과 죽은 여성은 29~43세로 밝혀졌다. 여전히 좁은 범위는 아니지만, 덕분에 수사팀은 기존 수백 명의 실종자 명단을 70명 안팎으로 좁힐 수 있었다. 연구원들은 시신이 남긴 힌트를 또 하나 풀어냈다. 죽은 여인은 숨을 거두기 최소 6개월 전에 왼쪽 윗어금니(뒤에서 세 번째)가 빠졌다는 점이었다. 실종자 중 비슷한 경우만 찾는다면 피해자를 바로 특정할 수도 있는 상황이었다.

살아 있을 때 영구치가 빠지면 인간의 몸은 그 자리에 임시로 골조직을 만들라고 명령한다. 잇몸이 더 상하는 것을 막기 위한 일종의 자기치료로 의학용어로는 '치조골 재생'이라고 부른다. 반면 죽은 뒤 부패 과정에서 빠진 이는 이런 치조골 재생이 나타나지 않는다. 그럼 이가 빠진 지 최소 6개월이 지났다는 점은 어떻게 알아냈을까. 이가 빠지면 바로 옆 이들은 빈자리를 메우려고 한다. 치아가 메워지는 거리와 속도를 계산하면 이가 언제 빠졌는지를 알 수 있다. 경찰은 남은 70여 명의 실종자 중 윗어금니가 빠진 채 생활했던 여성을 찾아나섰다. 얼마 후 피해자는 보름 전 사라진 A(당시 36세)씨로 밝혀졌다. 유전자검사 결과도 일치했다.

보름 사이 시신의 70퍼센트가 부패한 이유

신원이 밝혀지면서 수사는 급물살을 탔다. 주변에선 외모가 남달랐던 그녀를 지독하게 따라다니던 한 남자가 있었다고 입을 모았다. 실제 피해자는 "만약 내게 무슨 일이 생기면 B(당시 49세)씨가 죽인 것으로 알라"는 말을 하고 다녔을 정도였다. 주변 사람들은 A씨가 최근 B씨와의 관계를 정리하려 하자 남자가 스토커로 변했다고 진술했다. 사건 이후 한동안 잠적했다가 나타난 B씨는 경찰에서 범행을 극구 부인했다. 하지만 그의 집 서랍에서 시신을 감쌌던 이불보 끈 등 증거가 나타나자 결국 입을 열었다. 그는 사건 당일 A씨가 헤어질 것을 요구하자 다투기 시작했다고 진술했다. 말싸움은 이내 몸싸움으로 번졌고, 결국 B씨는 A씨의 멱살을 잡고 머리를 땅바닥에 여러 차례 세게 부딪쳤다. 그리고 그것은 도저히 돌이킬 수 없는 결과로 이어졌다. 그는 현장에서 1.5킬로미터가량 떨어진 길가 숲 속에 그녀를 버렸다.

그런데 어떻게 시신 일부가 불과 보름 만에 백골을 드러낼 정도로 심하게 부패했을까? 유난히 무더웠던 날씨에 습한 기온이 원인이었다. 기상청에 따르면, 사건이 발생한 2004년 7월 인근 지역(수원 기준)의 평균 습도는 80퍼센트에 달했다. 당시 강수량이 400밀리미터에 이를 만큼 많은 비가 왔기 때문이었다. 이런 가운데 낮 기온은 최고 35도까지 치솟았다. 여기에 시신을 칭칭 감쌌던 이불 때문에 초파리들이 기생했고 시신은 곧 구더기로 들끓게 됐다.

법의학적 관점에서 시신 주변에서 기생하는 곤충들은 시신의 사망 시간 등을 유추할 수 있는 중요한 단서가 된다. 시신 옆 곤충의 종류와

변이 형태, 주변 온도와 습도 등을 고려한다면 범행이 발생한 시기를 되짚어볼 수 있기 때문이다. 곤충들이 시체에 모여드는 이유는 결국 어떤 방법으로든 시체를 이용하려는 것이다. 대개 곤충은 시체를 먹잇감으로 여긴다. 대표적인 것이 파리다. 곤충들은 대개 생의 주기가 짧기 때문에 그 변화를 잘 읽으면 결국 사망시간을 추정할 수 있다. 예를 들어 여름철 시신에 들러붙은 파리알에서 구더기들이 나오고 있는 상황이라면 사망추정시간에서 12~16시간 정도가 지났다고 볼 수 있다. 같은 조건에서 가을이라면 24시간이 흘렀다는 이야기다. 구더기가 번데기로 변하는 시간은 여름은 7일, 겨울은 14일이 걸린다. 이런 점을 감안하면 사망 시기를 어림잡아볼 수는 있다.

하지만 이는 어림잡은 계산일 뿐이다. 감안해야 하는 변수가 많은데 온대지방의 파리는 보통 섭씨 19~26도 정도에서 활발하게 움직이고, 해가 지면 움직임이 둔해진다. 하지만 밤에도 조명이 환하게 켜지는 도심이라면 이런 공식은 지켜지지 않는다. 또 비가 오면 파리는 굼떠진다. 여름철 집중성 호우가 심한 우리나라에서는 언제 얼마 동안 장맛비가 내렸는지 등도 고려해야 하는 점이다. 곤충은 때론 시신이 범행 후 옮겨졌는지, 죽기 전 독극물이나 마약 등을 복용했는지에 대한 힌트도 던져준다. 예를 들어 다량의 헤로인을 복용한 시신 주변의 구더기는 비교적 빠르게 성장한다. 하지만 성충이 돼서는 오히려 발육부진에 빠진다. 이 때문에 독일 등 유럽은 법의곤충학 전공자가 범죄현장에 감식요원으로 출동하는 것이 당연한 일로 여겨진다.

미국의 법의학 드라마 〈CSI 라스베이거스〉 시리즈의 길 그리섬 반장도 곤충학 전공자다. 하지만 우리나라에서 법의곤충학은 과학수사 분야 중 가장 낙후된 축이다. 시신에 주로 어떤 곤충들이 기생하는지 등에 대한 최소한의 데이터베이스도, 연구자도 몇 명 되지 않는다. 이런 이유로 우리나라에서는 오늘도 시신 옆 구더기나 초파리는 현장 증거로 여겨지기보다는 오히려 감식을 방해하는 훼방꾼 취급을 받고 있다. 안타까운 현실이다.

구더기에 의한 사후 시간 추정

구더기 변화	추정시간
파리알 → 구더기	여름 12~16시간, 가을 24시간
구더기 → 번데기	여름 7일, 겨울 14일
번데기 → 파리	여름 7일, 봄가을 14일 이상

별무늬 자국의 비밀

살인현장의 240밀리미터 운동화, 60대 노인의 트릭이었다

"김 사장, 우리 집사람이 전화를 통 안 받네. 미안하지만 2층 좀 올라가봐줘." 2005년 6월 8일 오전 10시쯤 부산의 한 중국 음식점. 가게 문을 열자 걸려온 전화의 목소리는 다름 아닌 위층 남자였다. 멀리 출장 나와 있는데 집에서 전화를 안 받는다고 했다. 목소리에 걱정이 가득했다. 얼마 전까지 중국집을 위층에서 운영했던 터라 아래층과 위층 사이에 일종의 '개구멍'이 나 있었다. "아주머니. 저 아래층입니다." 중국집 김씨는 빠끔히 머리를 내밀어 2층 내부를 들여다봤다. 해가 중천을 향해 가고 있었지만 집 안은 어두컴컴했다. 비릿하고 역한 냄새가 밀려오는 쪽으로 고개를 돌린 김씨는 기절초풍했다. 1층으로 굴러떨어지듯 내려와 전화를 찾았다. "여기 반점 2층인데요. 사, 사람이 죽어 있어요."

LCV가 찾아낸 피 묻은 신발 자국

감식반이 확인한 시신은 2층 안주인 A(당시 63세)씨였다. 무슨 억하심정이 있었는지 범인은 A씨의 머리와 옆구리 등을 흉기로 24차례나 찔렀다. 목을 조른 흔적도 있었다. 하지만 죽은 뒤엔 그 모습이 참혹했는지 시신 위에 옷가지를 수북이 덮어두었다. 집 안이 어두운 건 두꺼비집(분전함)이 내려져 있었기 때문이다. 억지로 문을 연 흔적도 없었고, 패물 등 사라진 것도 없었다. 경찰은 면식범의 소행에 무게를 뒀다. 집 안 곳곳에 뿌려진 혈흔들을 볼 때 사망자는 숨이 다하기 전 범인과 꽤 오랫동안 몸싸움을 한 듯했다. 그러나 지문 등 범인의 흔적은 좀체 나오지 않았다.

"여기 발자국이 있는데요."

감식반원이 가리킨 곳에 별 모양의 신발 자국이 보였다. 235~240밀리미터가량의 운동화 아니면 등산화 같은 것이었다. 그렇다면 범인은 여자인가? 아니면 발이 매우 작은 남자인가?

범죄현장에 남겨진 범인의 발자국은 생각보다 많은 힌트를 안겨준다. 단독범행인지, 공범이 있는지, 침입 방향과 도주로는 어딘지를 추정할 수 있게 한다. 발자국과 함께 남아 있는 흙 등을 분석하면 범인의 과거 이동경로까지 추리할 수 있다. 범인상犯人像도 읽을 수 있다. 신발의 특성 등을 살펴 연령대나 남녀 여부를 추정하는 방법이다. 비슷한 유형의 범죄가 이어지고 있다면 동일인의 연쇄범죄인지도 가늠할 수 있다. 실제 유영철 사건에선 다수의 피의자 집에서 265밀리미터 버팔로 신발의 흔적이 나왔다. 결국 이 증거는 유영철의 여죄를 캐묻는 데 사용됐다. 한 해 전국의 사건현장에서 증거물로 의뢰하는 족적은 약 2만여 건. 이중 절반 정도는 어떤 회사의 제품인지가 바로 드러난다. 이렇게 현장에 남은 족적을 쉽게 대조할 수 있게 된 것은 경찰청 과학수사요원들의 숨은 노력 때문이다. 족적 담당자는 새로 출시되는 신발을 찾아내기 위해 정기적으로 신발회사나 도·소매상으로 달려간다. 찾아낸 새 신발은 바닥 문양, 제조사, 상표, 색상, 모델 번호, 성별, 좌우 사이즈, 생산연도, 몰드(mold, 신발 밑창을 만들기 위한 금형) 번호 등을 꼼꼼히 기록해 데이터베이스화한다. 흥미로운 것은 신발 바닥 모양이 똑같아도 신발 종류는 한 가지가 아니라는 점이다. 족적을 쫓는 데 가장 중요한 것은 밑창 모양인데 몰드에 따라 좌우된다. 몰드는 각자 고유번호를 가지고 있는데 처음에는 유명 브랜드 등을 제조하는 대형 신발회사에서 만든다. 하지만 유행이 지나면 그 틀은 중소 신발공장으로 팔려나가는 신세가 되어 중저가 신발을 만드는 데 쓰인다. 때문에 족적 데이터베이스를 정리하는 경찰은 작은 시장들을 돌아다니며 저가 브랜드의 신발까지 정리하곤 한다.

A씨의 시신 옆에 남은 것은 피 묻은 발자국이었다. 감식반은 LCV^{Leuco Crystal Violet}와 루미놀 등 특수 시약을 꺼냈다. 범인의 발 크기와 신발 종류 등을 분명하게 알아내려면 육안의 한계를 넘어서는 화학적인 흔적이 필요했다.

일반적으로 쓰이는 LCV는 혈흔 속의 단백질에 반응한다. 보통 때는 무색의 액체지만 혈흔과 만나면 자주색으로 변한다. 비교적 시약을 만들기가 쉽고 밝은 곳에서 이용할 수 있다는 장점이 있다. 루미놀이나 플루오레세인 등도 자주 이용된다. 피가 있는 자리에 발광현상을 일으키는 루미놀은 시약을 만들기가 쉽지만 반응이 일시적이고, 주위가 어두워야 하는 단점이 있다. 플루오레세인은 반응의 결과물이 매우 밝고 오래 가지만, 자외선 같은 가변광원을 이용해야 하는 데다 만들기도 비교적 까다롭다.

경찰은 주변인물들을 차례로 용의선상에 올렸다. A씨의 남편도 예외는 아니었다. 새벽부터 여러 차례 집에 전화를 해대고, 마치 독촉이라도 하듯 1층 주인에게 현장에 가보라고 한 게 오히려 더 의심을 샀다. 출장을 갔다는 곳도 자동차로 고작 100여 분 거리. 마음먹기에 따라 범행을 저지르고 도주하는 데 충분했다. 두 번째 용의자는 A씨에게 5000만 원을 빚지고 도망간 B(당시 45세)씨. 한때 둘도 없이 친했지만 돈이 걸리면 언제든 독한 마음을 먹을 수도 있는 게 사람이어서 경찰의 용의선상에서 벗어나지 못했다. 하지만 두 명 모두 의심할 여지없이 확실한 알리바이가 있었다. 마지막 용의자는 피해자에게 5000만 원을 빌려준 남편의 친구 C(당시 66세)씨. C씨는 A씨의 시신이 발견되기 세 시간 전인 아침 7시쯤 현관까지 왔다가 안에서 대답이 없어 그냥 돌아갔다고 했다. 역시 친구의 부탁 때문이었다고 했다. 2년 전 아내가 집을 나간 C씨는 그날 저녁 혼자 잠을 잤다고 했다.

———

60대 살인자, 형사들을 향해 트릭을 쓰다

이상한 것은 용의선상에 있는 어느 누구도 235~240밀리미터의 신발을 신는 사람이 없다는 점이었다. 사건이 미궁으로 빠져드는 가운데 국립과학수사연구원의 감식 결과가 날아왔다. 죽은 A씨의 손톱 밑 혈흔이 C씨의 DNA와 일치한다는 것이었다. 마지막 순간의 필사적인 발버둥이 범인의 흔적을 담아낸 셈이었다. 하지만 범인이 도저히 빠져나가지 못할 좀더 확실한 증거가 필요했다. 담당 형사와 C씨 간에 피 말리는 심리전이 이어졌다. 그러기를 10여 시간. 굳게 닫혀 있던 60대 범죄자의 입이 결국 열렸다.

"제가 죽였습니다."

C씨가 진술한 사건의 전말은 이랬다. 남편이 일 때문에 자주 집을 비웠기 때문인지 A씨와 C씨는 자주 왕래를 하다가 각별한 사이가 됐다. 그렇게 4년. 관계가 깊어지면서 A씨는 필요할 때마다 C씨에게 돈을 융통해서 썼다. 그러다 둘 사이에 결정적인 갈등이 생겼다.

"제가 사정이 급해져서 꿔준 돈을 돌려받으려 하자 A가 냉정하게 돌아서더군요. 한두 번도 아니고, 계속 매몰차게 거절하는데 정말…, 그런 배신감과 분노가 또 있을까 싶더라고요."

결국 그는 등산용 장갑을 끼고 칼을 챙겼다. CCTV에 찍힐 수 있다는 생각에 커다란 등산용 모자를 눌러썼다. 그리고 평소 자기 차에 보관해두고 있던 A씨의 등산화를 신었다. 현장에 족적이 남을 것을 예상한 술책이었다. 그는 한때 사랑했던 여성에게 스무 번 넘게 분노의 비수를 꽂았다.

사건이 이렇게 마무리되나 싶을 즈음 담당 형사의 새로운 추궁이 이어졌다. 2년 반 전에 집을 나갔다는 C씨의 아내(실종 당시 58세)에 대한 수사였다. A씨 사건을 조사하는 과정에서 담당 형사는 C씨의 부인이 단순하게 실종된 게 아니라는 것을 직감했다. 말을 할 때마다 C씨의 이야기는 엇갈렸고, 손과 눈빛이 떨렸다.

"부인은 어디에 있나요?"

"…"

얼마의 침묵이 지났을까. 그가 입을 열었다.

"집요."

"만기가 다가오던데, 보험금 타려고 그간 숨어 지낸 건가요?"

"아니요. 몸은 마루에 있고, 머리는 안방 침대 밑에 있어요."

그는 2002년 10월 28일 자신의 목공소에서 목 졸라 살해하고, 다음 날 시신을 집 한쪽에 묻었다. 여자가 남편 말에 한마디도 지지 않고, 심지어 무시하기까지 한다는 게 살해 동기였다. 이듬해 초, 집 보수공사를 하면서 그는 아내의 시신을 꺼내 머리와 몸통을 분리한 뒤 안방과 현관 마루 쪽에 각각 묻었다. 처음 묻으려던 현관이 비좁았기 때문이라고 했다. 그가 매일 잠을 자던 곳은 아내의 머리가 묻힌 쪽이었다.

너무 무덤덤하게 말하는 C씨에게 형사가 물었다.

"머리를 묻은 곳에서 자는 게 무섭지는 않았나요?"

"자기 전엔 가끔 혼잣말로 잘 지내냐고 묻기도 했어요. 미안하다는 소리도 하고요."

살인 진실 밝혀낸 토양감정
택시 바퀴에 튄 흙탕물, 범인은 택시기사였다!

"택시 강도를 당했습니다. 여자 승객이 납치됐어요…."

2003년 4월 14일 새벽, 경기 부천중부경찰서 관내의 한 파출소. 왼손을 감싼 택시기사 A(당시 35세)씨가 급히 안으로 뛰어들었다. 손가락을 칼에 심하게 베인 상태였다. 경찰은 A씨를 일단 병원으로 후송했다. 그는 가쁜 숨을 몰아쉬며 방금 자기가 당한 납치사건을 신고했다.

그가 20대 초반의 여자 손님을 태운 것은 오전 5시 30분쯤이라고 했다.

"손님을 조수석에 태우고 가다가 신호에 걸려 정차해 있는데 남자 두명이 갑자기 뒷문으로 들어오더라고요. 합승 손님인가 했는데 난데없이 그 손님을 찌르고 저도 공격했어요. 바로 칼을 겨누곤 고가도로 밑으로 가라고 하더군요."

그는 차를 세운 뒤 정신없이 도망쳤다고 말했다. 범인들은 칼에 찔린 여자 손님을 뒤따라온 검은색 소나타에 태우고 달아났다고 했다.

돈 버리고 납치? 이상한 택시 강도

A씨의 말대로 여자 손님은 조수석에서 칼에 찔린 듯했다. 흥건히 젖은 조수석은 상황의 심각성을 말해주었다. 무엇보다 앞좌석을 적신 출혈량이 만만치 않았다. 이대로 끌려다닌다면 납치된 여성은 한두 시간 안에 사망에 이를 수 있었다. 경찰은 관내에 비상을 걸었다.

감식반원들은 좀처럼 범인들의 흔적을 찾아내지 못했다. 괴한 두 명이 칼을 휘둘렀다는 뒷좌석은 앞좌석보다 깨끗했다. 콘솔박스 앞에는 현금 3만 원과 여성의 신용카드가 그대로 놓여 있었다. 범인들이 신용카드를 빼앗으려 했다면 카드에 지문 같은 흔적이 남아 있을 터. 감식반은 택시 안에 남아 있는 범인의 지문 등을 쫓기로 했다. 과거 지문을 찾는 작업은 대부분 경험과 감에 의존했다. 범인이 건드릴 수밖에 없는 물건이나 문고리, 의자, 컵 등을 정해서 사진을 촬영한 후 분말과 붓 등을 이용해 지문을 떠내는 식이다. 최근엔 증거물에 빛을 쏴서 지문이 있는 곳과 없는 곳을 정확히 짚어내는 장비도 나왔다. 반사자외선영상장치RUVIS라고 불리는 것으로, 쉽게 생각하면 특수 필터를 장착한 야시경이다. 모든 사물은 자기가 좋아하는 파장의 빛만 흡수한 뒤 특정 파장의 형광을 발산한다. 지문도 마찬가지여서 지문이 반응하는 빛(단파자외선 180~254nm, 1nm는 10억분의 1m)을 쬐어주면 있는 곳을 스스로 일러준다.

다시 사건으로 돌아가자. 감식반은 가변광원기를 들이댔지만 뭉개진 몇 개의 지문만 발견됐다. 조수석 시트 밑엔 지갑이 떨어져 있었다.

납치된 여성의 것이었다.

"이거 돈 훔치려던 강도들 맞아? 그냥 다 두고 갔어. 좀 이상한 놈들
인데…."

택시 강도는 큰돈을 노리는 사람들이 아니다. 사납금을 제외하면 벌
이가 뻔한 택시를 노리는지라 100원짜리 동전까지 털어가기 마련이다.
뭔가 아귀가 맞지 않았다. 운전석 바닥엔 흙이 묻어 있었다. 차량 바퀴
와 휠에는 흙탕물이 튀겨 있었다. 택시를 꼼꼼히 살핀 한 베테랑 감식반
원이 택시기사에게 툭 질문을 던졌다.

"시 외곽에서 손님들을 받았나 보죠?"

"아니요. 전 시내만 뛰는 걸요."

몇 시간 뒤 전화가 울렸다. 여성이 숨진 채 발견됐다는 현장 보고였
다. 택시 강도 신고를 처음 접수한 파출소에서 불과 2킬로미터 남짓 떨
어진 하천변. 수사반은 현장으로 차를 몰았다. 가는 길은 비포장이었다.
농로로 쓰이는 곳이라 곳곳이 심하게 파인 곳이 많았다.

숨진 여인은 B(21세)씨였다. 사회에 첫발을 내디딘 꿈 많은 초보 회
사원에게 범인은 사정없이 칼을 휘두른 듯했다. 범인은 다리 위에 차를
세우고 그녀를 끌어내려 20미터가량 데려간 듯 보였다. 혈흔은 다리 위
에서 아래쪽으로 이어졌다. 경찰은 혈흔과 주변 흙을 모아 담았다. 여섯
시간가량 현장 감식을 마치고 오는 길. 감식반원은 웅덩이 앞에 차를 세
웠다. 차에서 내린 고참 감식반원은 흙탕물을 용기에 담았다.

"선배 뭐해요?"

"범인 잡아야지…."

며칠 후 국립과학수사연구원에서 감식 결과가 나오자 형사들은 기다

렸다는 듯 차를 몰았다. 형사들이 몰려간 곳은 신고자 A씨의 집이었다.

"당신을 강도살인혐의로 체포합니다."

경찰은 처음부터 A씨가 미심쩍었다. 방금 겪은 일을 말하는 사람치곤 진술 내용이 허술했다. 특히 강도를 당할 때의 상황도 구체적이지 못했다. 그나마 일관성 있게 진술한 내용도 설득력이 떨어졌다. 굳이 손님까지 탄 택시를 범행 대상으로 고른 점이라든가, 돈은 놔두고 손님을 납치해간 점도 이해하기 힘든 대목이었다.

결정적으로 A씨가 범인임을 알려준 것은 흙이었다. 운전석 깔판 밑과 운전석 하부에 붙은 흙을 분석한 결과 피해 여성이 발견된 하천변 토양과 일치했다. 택시 바퀴와 뒷문 문짝에 튄 흙탕물 역시 진입로의 웅덩이 성분과 정확히 일치했다. 택시 기사는 다리 밑에 그녀를 버린 뒤 택시 강도를 당한 척 자작극을 벌인 것이다.

사건을 해결하는 과정에서 현장에 방울져 떨어져 있던 적하혈흔도 큰 역할을 했다. B씨가 이미 살해당한 뒤 하천변에 버려졌다면 현장에는 다수의 적하혈흔이 남아 있기 힘든 상황이다. 이를 수상히 여긴 경찰은 현장의 혈흔을 수거해 국립과학수사연구원에 감식을 의뢰했고, 피는 택시기사 A씨의 것으로 판명 났다. 피해자를 칼로 찌르는 과정에서 생겨난 상처였다.

옴짝달싹할 수 없는 증거에 A씨는 입을 열었다. 7개월 전부터 개인택시 영업을 했지만 돈벌이가 신통치 않았다고 했다. 무리하게 택시를 구입한 데다 이전의 카드 값까지 밀리면서 빚이 1억 5000만 원까지 늘어나자 자기 택시를 이용해 강도짓에 나섰다고 했다.

　국립과학수사연구원은 또 하나의 안타까운 검사 결과를 통보했다. 숨진 B씨의 폐에서 플랑크톤이 검출됐다. 그가 죽었다고 여긴 그녀가 물속에 빠진 후에도 살기 위한 마지막 숨을 쉬었던 것이다. A씨는 뒤늦은 후회를 했다.

• 똑같아 보이는 흙, 1,100가지 색을 담다 •

흙의 성분은 어떻게 구분할까. 방법은 크게 두 가지다.

첫째는 광물학적인 분석으로 편광현미경 등을 이용해 조암광물의 형상과 입자 상태 등을 분석하는 방법이다. 지구에 존재하는 광물은 3,000여 종이 넘지만 기본 구성물인 조암광물은 수십 종뿐이다. 법과학은 이 조암광물을 분석하고 따라간다.

둘째는 흙 속에 함유된 유·무기물 성분 등을 분석하는 방법이다. 크로마토그래프법, 열분해분석법, X선법 등이 있다. 흙 속에 함유된 유·무기물 성분은 그것이 어디서 생겨났는지, 또 그 지역에 어떤 동물과 식물이 살고 있는지 등에 따라 색상의 차이를 나타낸다.

외국의 연구결과에 따르면 토양은 색상에 따라 1,100여 가지로 구분된다. 다시 말해 색상이 다르면 다른 지역의 토양이라고 봐도 무방하다. 단 유의해야 할 점이 있다. 우선 흙의 색깔은 얼마나 습기를 머금고 있는지에 따라 확연히 달라진다. 때문에 토양 증거물을 수거해 대조하기 전에 반드시 응달에서 하루 정도 말려야 한다. 또 같은 장소에서 흙을 채취하더라도 깊이가 조금만 달라지면 전혀 다른 특성을 나타낸다.

이런 이유에서 보통 토양 증거물 등을 채취할 때는 모종삽이 아닌 숟가락을 사용한다. 또 토양 감정이라고 하면 흙만 생각하기 쉽지만, 실제는 흙 속에 섞여 있는 기름, 유리, 비료, 농약, 심지어 섬유까지 그 대상이 된다. 대조토양을 채취한답시고 일부러 흙만 골라왔다가는 증거를 버리고 오는 잘못을 범하는 셈이다.

살인현장에 남은 '그'의 립스틱

담배꽁초에 묻은 립스틱 DNA, 범인은 트랜스젠더였다

"301호라꼬예? 같은 신고만 벌써 다섯 번째 아잉교? 근데 가봤더니 아무것도 아이던데예." "그기 아이라 사람이 죽었다니까요." 2001년 7월 27일, 경남 창원의 한 오피스텔. 결과적으로 경찰은 이틀간 같은 집에 다섯 차례나 출동해서야 죽은 여주인을 만날 수 있었다. 사망자는 인근에서 소주방을 운영하는 A(당시 41세)씨였다. 장롱 속 시신을 발견한 것은 남동생이었다.

혹시나 하는 생각에 열어본 옷장에 그녀는 목이 졸린 채 숨겨 있었다. 시신 발견 시간을 늦추기 위해 누군가 그녀를 옷장 속에 넣어놓은 것이었다. 이틀 전 이웃들은 심하게 싸우는 소리를 들어 신고했다고 했지만, 누가 드나들었는지 본 사람은 없었다.

범인은 A씨의 손과 발을 묶은 후 장롱 속에 욱여넣었다. 얼마간을 웅크려 있었는지 피가 몰린 자국인 시반이 등에 몰려 있었다. 피살자의 목에는 스타킹과 실타래가 칭칭 감겨 있었다. 손으로 목을 조른 후 스타킹 등으로 다시 한 번 숨통을 조인 듯 보였다. 배꼽 위에는 6센티미터 정도 칼에 베인 상처가 나 있었다. 싱크대 위의 피 묻은 과도가 범행 도구였다.

직장온도 등을 통해 대략 계산한 A씨의 사망추정 시간은 약 48시간 전. 하지만 경찰은 탐문수사를 통해 정확한 시간을 확인하기로 했다. 당시에는 삼복더위가 기승을 부려 여느 때보다 시신의 부패 속도가 빠른 상황이었다. 수사팀은 일단 헨스게 도표 등을 이용한 일반적인 사망시간 추정법을 쓰지 않기로 했다. 무리한 계산으로 오차 범위가 늘면 오히려 수사에 방해가 될 수 있다는 판단에서였다. 사망시간을 찾아내는 연구는 100년 역사를 자랑하지만, 여전히 미완의 단계다.

세 명의 남자 DNA, 범인은 그중 하나

A씨가 혼자 살았던 오피스텔은 살인현장 치고는 너무 깨끗했다. 출동한 경찰은 이 때문에 출동했다가 돌아가기를 반복했다. 손님이 왔었는지 방바닥엔 과일 접시와 두 개의 방석이 놓여 있었다. 싱크대 속 밥공기도 두 개였다. 반면 어디에도 외부침입 흔적은 보이지 않았다. 경찰은 면식범에 의한 살인이라고 판단했다. 범인이 시가 200만 원 상당의 다이아몬드 반지를 빼가지 않은 것도 이런 확신을 뒷받침했다.

네 차례에 걸쳐 정밀 감식이 진행됐다. 감식반은 숨진 A씨를 덮었던 이불과 쓰레기 속 휴지, 립스틱이 묻은 담배꽁초, 지문이 묻은 생수통 등을 국립과학수사연구원과 경찰청으로 보냈다. 검사 결과, 현장에서 확인된 DNA는 모두 세 가지였다. 범인이 죽은 그녀 위에 덮어놓았던 이불, 립스틱이 묻은 담배꽁초, 쓰고 난 휴지에서 각각 다른 세 남자의

DNA가 검출됐다.

이불에서 나온 것은 A씨의 애인 B씨의 DNA였다. 유력한 용의자로 떠오른 그는 "애인 집에서 내 DNA가 나오는 건 당연하지 않으냐"며 펄쩍 뛰었다. 그는 사건 전날 A씨를 만난 것은 사실이지만, 그나마 밖에서 만났고 그후에는 보지 못했다고 진술했다.

실제로 B씨는 알리바이가 확실했다. 경찰은 휴지와 담배꽁초에 흔적을 남긴 남성 두 명을 찾아나섰다. 하지만 한 달이 지나도록 DNA의 주인은 나타나지 않았다. 전 남편과 그녀가 운영하던 소주방의 단골, 이웃집 남자 등 경찰은 무려 100여 명을 상대로 조사를 벌였지만, DNA가 일치하는 사람은 없었다. 지문감식 결과도 실망스러웠다. 범인을 잡았을 때 대조는 가능하지만, 해당 지문만으로는 범인이 누군지 특정할 수 없다.

결국 경찰은 수사를 원점으로 되돌렸다.

―

그 남자가 남긴 립스틱 자국

사건이 제자리를 맴돌고 있을 때 수사팀이 통신회사에 의뢰한 오피스텔의 전화 통화내역이 날아왔다. 경찰은 당일 오전 8시 13분 마산의 한 지하상가 공중전화에서 걸려온 전화에 주목했다. 죽은 여성 A씨의 마지막 통화였다. 2분 49초 동안 A씨와 통화한 그는 같은 장소에서 연달아 두 통의 전화를 더 걸었다. 경찰은 해당 통화내역을 따라갔다. 그곳은 M주점과 B단란주점이었다.

두 주점과 A씨 소주방 사이에 공통점이 발견됐다. 최근 생활정보지에 여종업원 구인광고를 냈던 것이었다. M주점 사장은 수화기 너머 공중전화로 걸려온 통화를 생생하게 기억하고 있었다.

"여종업원을 구하느냐고 묻더라고요. 그런데 목소리가…, 어딘가 남자 같았어요."

순간 수사관의 뇌리를 스치는 것이 있었다. 담배꽁초에 남은 립스틱 자국이었다.

"왜 그걸 진작 생각하지 못했을까. 범인은 트랜스젠더일 수도 있어."

경찰은 트랜스젠더인 남자가 피해자와 구직 문제로 통화를 하고 그의 오피스텔을 방문했다가 범행을 저질렀을 수 있다고 판단했다.

실제로 그 일대 주점에는 트랜스젠더 한 명이 여종업원이 되고 싶다며 술집을 찾아왔다가 거부당하면 행패를 부리고 돈을 뜯어가는 일이 반복되고 있었다. 추정 연령도, 인상착의도 같았다. 경찰은 이 사람을 찾는 데 총력을 기울였다. 전국 경찰서를 상대로 트랜스젠더 관련 사건을 확인한 결과, 제주에서 트랜스젠더 한 명이 술집 주인으로부터 돈만 챙겨 달아난 사건이 접수된 사실이 드러났다. 경찰이 확인한 그의 신원은 C(31세)씨. 놀랍게도 범행현장 생수병에 남긴 지문과 그의 오른손 지문이 일치했다. 결국 경찰은 고향으로 도주한 C씨를 검거했다.

사건의 전말은 이랬다. 그는 최근 마산·창원·부산 일대를 돌며 술집 일자리를 구했지만, 여의치 않았다. 8년 동안 여성으로 살아온 그였지만 성전환자라는 것을 알아차린 주인들은 그를 내쫓기 일쑤였다. 사회가 자신을 차별한다고 생각한 C씨는 그런 일이 있을 때마다 행패를 부리거나 난동을 피웠다. 그렇게라도 돈을 받아내야 분이 풀렸다.

시신이 발견되기 이틀 전인 7월 25일, 아침 일찍 A씨와 전화통화를 한 그는 밤 10시쯤이 돼서 A씨의 오피스텔에 도착했다. 일종의 면접이었는데 이야기가 잘 풀렸다. A씨는 마치 친언니처럼 C씨를 대했다. 저녁을 못 먹었다는 말에 선뜻 미역국에 밥까지 내줬다. 그렇게 고용계약을 할 때쯤 C씨는 주민등록증을 내밀며 자신의 비밀을 털어놓았다. 1번으로 시작하는 주민증을 본 A씨는 갑자기 태도를 바꿨다. 남자를 쓸 수는 없다고 했다. 고성과 욕설이 오갔다. C씨가 한바탕 악담을 퍼붓고 오피스텔을 나가려는 순간 뒤에서 A씨가 최후의 한마디를 했다.

"별 미친 놈 다보겠네. 세상이 참말로 말세다 말세…."

C씨는 순간의 분을 참지 못했고, 그것이 비극의 시작이었다.

'파란 옷'을 입었던 살인마

시신이 크게 훼손된 60대, 그것은 범인의 속임수였다

"접촉한 두 물체 사이에는 반드시 물질교환이 일어난다."

－에드몽 로카르Edmond Locard (1877~1966)

근대 법과학의 아버지라 불리는 로카르의 '교환법칙'은 100년이 지난 지금까지도 후학들에게 절대 명제로 여겨진다. 수사관과 감식반원이 아무것도 나오지 않는 현장을 수십 번씩 뒤지고, 부검의가 시신 옆을 쉽게 떠나지 못하는 이유다. 불안감에 떠는 사람들도 있다. 범행현장에 있던 또는 시신과 접촉했던 범인들이다.

변태성욕자인 척하고 싶은 좀도둑의 트릭

2007년 1월 8일 새벽 2시, 부산의 어느 동네. 가게에 도둑이 들었다는 신고를 받고 달려간 현장. 절도사건의 목격자를 찾으려고 옆집을 찾아간 김 순경이 마주친 것은 집주인의 시신이었다. 다락방에서 숨진 채 발견된 사람은 식당 주인 A(당시 62세, 여성)씨였다.

시신은 빨간 겨울 점퍼에 방한바지를 입은 채 전기장판 위에 반듯이 누워 있었다. 겨울 밤 난방이 안 되는 다락방으로 추위가 들어올세라 단단히 채비를 했지만, 불청객의 침입은 예상하지 못한 듯했다. 방안은 말끔했다. 범인이 깔끔하게 치운 게 아니라면 피해자가 순식간에 당했다는 얘기다. 노인의 양쪽 눈꺼풀에선 일혈점이, 얼굴에는 울혈이, 목에는 까진 상처가 남아 있었다. 목졸림에 의한 질식사로 보였다. 주름진 손가락엔 반지 자국만 남아 있었다. 평소 노인이 끼던 금가락지를 빼간 것이다. 감식을 진행하던 형사가 순간 눈을 찡그렸다. 범인이 사망자의 시신을 훼손했기 때문이다.

"반장님. 이거 완전 변태 아잉교. 동종 전과자부터 뒤져볼까예?"

"미리 단정 짓지 말그라. 놈이 잔머리 굴리는 걸 수도 있다."

범인이 다락방으로 접근한 경로는 죽은 노인의 목에 새겨져 있었다. 경찰은 목덜미에 작은 나무가시들이 박혀 있는 것을 발견했다. 나무가시는 식당 뒤쪽 허름한 합판으로 만든 나무문과 같은 종류였다. 지난밤 범인은 장갑을 낀 채 힘으로 나무문을 밀고 들어왔고, A씨의 목을 조르는 과정에서 앞서 장갑에 묻은 나무가시가 다시 피해자에게 옮겨간 것이라는 추리가 가능했다. 실제 뒤쪽 나무문은 누군가 강제로 부수고 밀친 흔적이 남아 있었다. 범인은 적어도 가게 구조를 아주 잘 아는 사람이었다. 하지만 한밤엔 주인 눈에 띄지 않도록 몰래 숨어야 하는 관계였다.

피해자가 옷을 입은 상태로 숨진 탓에 감식은 겉옷부터 하나씩 안쪽으로 진행됐다. 테이프를 이용해 세밀하게 미세증거물을 수집하는 과정이다. 노인이 입고 있던 빨간 점퍼에서는 파란색 섬유 몇 올이 발견됐다.

살인현장에서 발견된 몇 올의 섬유가 범인을 잡는 데 도움이 될까. 답부터 이야기하면 '그렇다'. 섬유는 일상적인 접촉만으로도 생각보다 많은 양의 전이가 일어난다. 예를 들어 외제 오토바이가 탐이 나서 누군가 안장에 한번 앉아봤다고 치자. 인조가죽으로 만든 안장에 뭐가 남았을까 싶겠지만, 앉은 자리엔 바지 섬유가 전이된다. 물론 오래 앉아 있을수록, 강하고 거칠게 비비며 뽐낼수록 떨어져나가는 섬유의 양은 늘어난다. 접촉조건(면의 거칠기나 접촉 강도)이 같다면 섬유의 길이와 굵기, 직조 방법 및 성분에 따라 전이되는 양도 달라진다. 전이된 섬유를 조사하면 무슨 바지를 입은 사람이 안장에 앉아 있었는지 알아내는 것은 그리 어렵지 않다.

범행현장에서 섬유 증거가 발견되면 수사관들은 해당 증거물이 인조섬유이길 바란다. 면이나 삼베, 양털 같은 천연섬유는 폴리에스테르나 나일론 등과 같은 합성섬유에 비해 증거 능력이 많이 떨어지기 때문이다. 같은 옷이라도 천연섬유는 부위별로 섬유의 굵기, 염색의 정도, 꼬임의 양 등이 천차만별이다. 일례로 100퍼센트 면 티셔츠 한 장을 만드는 데 들어간 목화는 못해도 수만 송이의 목화를 한데 섞어 만들어내는 식이다. 따라서 같은 옷이라도 왼팔과 오른팔에서 채취한 섬유가 전혀 다른 성질을 띨 수밖에 없다. 그만큼 증거 능력이 떨어질 수밖에 없다는 이야기다. 반면 합성섬유는 공장에서 엄격한 품질관리를 통해 만들어지기 때문에 큰 편차가 나타나지 않는다.

아무리 둔한 범인이라고 해도 자신이 입었던 옷의 일부를 보란 듯이 떨어뜨리는 일은 없다. 범죄현장 속 섬유 증거물은 대부분 눈으로 확인하기 어려울 정도로 작다. 때문에 그냥 스쳐지나가거나 모르고 증거물을 오염시킬 수도 있다. 현장수사관은 범인이 흔적을 남겼을 만한 노루목을 골라 확인해야 한다. 예를 들어 차량이 피해자를 타고 넘어간 역과사고의 경우, 뺑소니 차량의 하부에는 섬유 증거물이 남아 있을 가능성이 높다. 절도 피해자가 창살을 절단해 좁은 틈으로 들어갔다면, 창살 절단면에는 범인이 입었던 옷의 실오라기가 걸렸을 가능성이 높다. 성폭력이나 강도사건 등의 경우에는 몸과 의류로 옮겨붙은 범인의 미세한 흔적을 피해자에게서 찾아볼 필요가 있다.

다행히도 숨진 식당 여주인 A씨의 손톱 밑에서 미세한 혈흔이 발견됐다. 하지만 국립과학수사연구원에서조차 DNA가 나올 수 있을지 자신하지 못할 만큼 적은 양이었다.

파란 점퍼가 주인의 목줄을 죄다

범행 일주일째. 형사들은 식당 주변에서 탐문조사를 이어가고 있었지만 이렇다 할 소득을 올리지는 못했다. 복잡한 사건에 얽히고 싶지 않은 탓인지 주위 사람들은 말을 아꼈다. 그러던 중 주민 한 명이 조심스레 입을 열었다. 동네 건달인 B(49세)씨가 최근 "금반지를 팔았는데 돈이 꽤 나가더라"며 떠벌리고 다닌다는 것이었다. 별다른 직업도, 가족도 없는 그에게 정상적인 방법으로 금붙이가 생길 리 없다는 생각에 동네 사람은 수군댔다. B씨는 죽은 A씨의 집에서 하숙을 한 적이 있어 누구보다 집 구조를 잘 알았다. 경찰은 일단 B씨를 만나보기로 했다.

"어데예. 증거 있습니꺼."

경찰서에서 B씨는 큰소리부터 쳤다. 일종의 자기방어인 듯했다. 그러나 목소리와 눈빛의 떨림까지 감추지는 못했다. 그의 코에는 손톱자국이 선명히 남아 있었다. 예상대로라면 죽은 A씨가 마지막 남긴 방어흔이었다.

하지만 그의 말대로 아직 증거가 없는 상황에서 정황만으로 그를 잡아놓을 수는 없었다. 경찰은 B씨의 손톱과 타액을 채취하고 일단 그를 풀어줬다.

다음 날 날아온 국립과학수사연구원 감정회보서에는 피해자의 손톱 밑 혈흔과 B씨의 DNA가 일치한다는 내용이 담겨 있었다.

용의자는 경찰서를 나오자마자 도망쳤다가 형사들에게 잡혀왔다. 그는 여전히 당당했다. 경찰은 용의자의 집에서 찾은 또 하나의 증거를 들이밀었다. 죽은 노인의 몸에 섬유 증거를 남겼던 바로 그 파란색 점퍼였다. 범인은 증거가 남아 있을까 하는 걱정에 옷을 세탁했지만, 점퍼엔 여전히 문을 통과할 때 묻었던 나무가시가 남아 있었다. B씨는 고개를 떨궜다. 곗돈을 탔다는 이야기를 듣고 돈만 훔치러 들어갔다가 걸려서 얼떨결에 살인을 저질렀다고 했다. 치정살인이나 변태성욕자의 살인으로 가장하기 위해 시신을 훼손했다는 진술도 나왔다.

혈혈단신인 그에게 늘 따뜻한 밥 한 공기를 건네며 가족처럼 챙겨줬던 은인을 살해하고 B씨가 챙긴 돈은 11만 8000원과 금가락지 한 개가 전부였다.

최면이 일러준 범인의 얼굴

흉기에 찔려 죽은 여자, 유일한 목격자에게 최면을 걸다

"기억의 보편적 원리 중 하나는 실제 회상하는 것보다 훨씬 많은 양의 정보를 담고 있다는 것이다. 기억을 못하는 것은 저장하지 않아서가 아니라 단지 재생에 실패했기 때문이다."

-국립과학수사연구소 연보, 1995년

2003년 3월 23일 새벽, 인천 중구의 한 무역회사 사무실. 이곳 사장 K(당시 46세, 여성)씨가 흉기에 찔려 숨진 채 발견됐다. 무슨 원한에서인지 범인은 잔혹하게도 그녀의 몸을 17차례나 반복해 공격했다. 사인은 다발성 자창(刺創, 찔린 상처). 과다출혈로 말미암은 쇼크가 그녀를 죽음으로 이끌었다. 감식반은 몇 번이고 현장을 뒤졌지만 혈흔도, 지문도, 족적도 찾을 수 없었다.

사건이 미궁으로 빠져들 수 있는 상황에서 경찰은 어렵사리 목격자

를 한 명 찾아냈다. 사건이 나던 날, 옆 건물에서 야간 경비를 섰던 A씨였다. A씨는 자정 무렵, 문제의 사건현장으로 누군가 차를 몰고 들어갔다고 진술했다. 하지만 진술이 구체적이지 않았다. 차의 번호는 물론이고 종류나 색상도 기억나지 않는다고 했다. 피곤함에 지친 야간 경비원이 옆 건물까지 챙길 이유는 없었다. 게다가 지능적인 범인은 칠흑 같은 밤에 차의 미등까지 끈 채 차를 몰았다.

경찰은 A씨의 동의를 얻어 법최면Forensic Hypnosis 수사를 시도했다. 흐릿한 그의 기억 속에서 범인의 흔적을 끌어낼 마지막 기회였다.

"시간을 5일 전으로 돌립니다. 당신은 야간 근무를 서고 있습니다."

최면 상태에 들어간 A씨의 뇌는 사건에 관한 정보를 기대 이상으로 많이 담고 있었다. 언뜻 보긴 했지만 별일 아니라고 생각해서 뇌 한쪽에 묻어두었던 기억들이다. 법최면은 이런 기억의 파편을 의식의 세계로 끌어내는 역할을 한다. A씨는 차량이 들어온 시간을 22일 밤 11시 40분쯤으로 기억해냈다. 주차 후 차에서 내려 회사로 들어가는 용의자의 뒷모습도 기억해냈다. 평소에 보던 옆 회사 직원은 아니라고 했다.

최면수사관은 다시 A씨의 기억을 23일 새벽 1시 30분으로 되돌렸다. 앞서 낯선 차가 빠져나갔다고 진술한 시간이다. 그렇게 기억의 실타래를 찾던 도중 A씨의 목소리가 높아졌다.

"그 남자가 황급히 나와 시동을 걸고 있어요. 화물차와 부딪칠 뻔하면서 급브레이크를 밟았어요. 어어… 차의 모습이 보여요."

A씨의 뇌는 용케도 브레이크 등이 켜지는 찰나 잠시 어둠 속에서 모습을 드러낸 자동차를 기억하고 있었다. 차는 빨간색, 일반 세단과 달리 트렁크가 없다고 증언했다. A씨는 또다른 목격자가 있음을 기억해냈

다. 부딪칠 뻔한 화물차 운전사였다. 경찰은 해당 차량을 수배했다.

잘못된 정남규 몽타주 바로잡아

법최면은 범죄수사에 최면을 이용하는 것을 말한다. 보통 사건현장에 단서는 없고 목격자나 피해자만 있을 때 사용되는데 최면을 걸어 희미한 기억을 구체화하고, 이를 통해 수사에 필요한 단서를 끌어내는 수사 방식이다. 법최면가들은 인간이 보거나 듣고 만져서 인식한 정보는 마음속 어딘가에 저장되어 있다고 믿는다. 또 이렇게 무의식에 저장된 정보를 의식으로 끌어내는 것이 법최면가의 능력이다. 마음속 어딘가에 묻혀 있는 기억을 찾아내는 방법에는 여러 가지가 있다. 이중 하나가 연령퇴행Age regession이다. 목격자 등에게 최면을 걸어 그의 시간을 과거 특정한 경험을 했을 때로 되돌리는 방법이다. 칠판에 경험했던 일을 적는 것처럼 최면을 거는 칠판기법, 과거 일을 마치 영화를 보는 것처럼 상상하게 만들어 숨은 기억을 읽어내는 텔레비전기법 등이 있다.

강호순과 정남규, 유영철까지 최근 초강력 흉악범죄 수사에는 모두 최면수사가 활용됐다. 아직 최면을 통해 얻어낸 목격자 진술의 법적인 증거 능력은 없다. 단 모아낸 증언을 통해 악마의 퍼즐과도 같은 사건을 재현하고, 이를 통해 또다른 증거를 잡아내는 마중물 역할을 한다.

흥미로운 점은 최면수사가 '기억의 왜곡'을 수정하는 역할도 한다는 점이다. 대표적인 분야가 몽타주다. 보통 범죄 피해자들이 기억하는 범인의 얼굴은 실제보다 험상궂다. 두려움의 기억이 용의자의 인상을 더욱 나쁘게 만드는 것이다. 법최면은 이런 오류를 최대한 보정한다.

실제 비 오는 목요일의 살인자로 불린 서울 서남부 연쇄살인범 정남

규도 이렇게 만든 몽타주에 꼬리가 밟혔다. 2004년 2월 주택가 뒷골목에서 20대 여성이 살해됐다. 며칠 후 한 30대 남자가 현장 근처 중국집을 찾아왔다. 며칠 전 여자가 죽지 않았느냐고 물은 그는 주변을 서성이다 사라졌다. 경찰은 범행현장을 다시 찾은 범인이라고 여겨 중국집 종업원에게 최면수사를 시행했다. 중국집 종업원의 최면 속에서 떠올린 얼굴. 2년 후 정남규를 잡은 수사관들은 깜짝 놀랐다. 몽타주가 그야말로 판박이였다.

—

범인이나 비밀이 있는 사람은 최면에 잘 걸리지 않는다

그럼 최면은 누구에게나 통할까? 답은 '아니요'다. 최면은 무의식 속에서 기억을 찾아내는 작업이지만, 그렇다고 혼수상태처럼 의식을 잃은 상황에서 말을 하는 것은 아니다. 최면에 절대 걸리지 않으려고 발버둥치는 사람에게 최면을 걸 수 없는 이유다. 어렵게 최면을 거는 데 성공한다 해도 말하고 싶지 않은 비밀에 대해선 입을 닫는다. 이 때문에 범인 또는 경찰에게 뭔가 숨기고 싶은 사람에게 최면수사는 무의미한 결과만 가져온다.

10년 전인 2001년 5월 19일, 서울 성동구 주택가에서 토막 난 4세 여아의 시신이 발견됐다. 9일 전 실종된 아이였다. 다시 3일 뒤 경기 광주의 한 여관에서 아이 시신의 나머지 부분이 발견됐다. 그 방에 투숙했던 손님이 놓고 갔다고 본 경찰은 범인의 인상착의를 알아내기 위해 여관 여종업원에게 최면수사를 진행했다. 하지만 몇 시간 후 경찰은 최면수사를 포기했다. 최면 유도가 반복됐지만 여종업원은 전혀 집중하지 못했다. 정확히 말하면 여종업원은 최면에 빠지지 않으려 애쓰는 모습이었다.

최면 유도가 불가능하다고 결론 내린 최면수사관은 담당 형사에게 "여자가 뭔가 수상하다"고 귀띔했다. 수상한 여성의 진실은 일주일 후 범인이 잡히고 나서야 밝혀졌다. 종업원은 여관에서 성매매를 하고 있었던 것이다. 여성은 범인의 얼굴을 정확히 기억하고 있었지만, 그간의 성매매 사실이 경찰에 발각될 것이 두려워 스스로 뇌를 굳게 닫은 채 최면을 거부했던 것이다.

한편으로 인권 등을 이유로 피의자에게는 최면수사를 하지 않는다. 실제 미국에서는 살인용의자가 검거 후 최면에 의해 범행을 자백했다. 1심에서 그는 사형선고를 받았지만 항소심을 통해 무죄를 선고받았다. 최면을 통한 자백은 강요된 진술과 다름없다는 판단에서였다. 결국 해당 사건은 영구미제로 남게 되었다.

———

최면은 '마법의 물약'이 아닌 연구해야 할 과학

최면 유도에는 개인차도 있다. 이를 최면감수성이라고 부른다. 일반적으로 감정 표현이 자유롭고 집중력이 강한 배우나 가수 등 연예인은 최면에 잘 걸린다. 반면 매사에 의심이 많고, 비판적인 판검사, 형사, 기자 등의 직업군은 최면에 잘 걸리지 않는 것으로 알려져 있다.

흔치는 않지만 최면이 걸린 상황에서 거짓말을 늘어놓는 사람도 있다. 스스로를 속여 마음속에 거짓을 진실이라고 각인해놓은 경우다. 또 최면이 제대로 걸렸다 하더라도 의식 속에 잠재된 기억 자체가 왜곡될 가능성이 있다. 이런저런 이유로 아직까지 최면수사는 법정에서 증거물로 인정받지 못한다. 단언컨대 최면은 판타지 영화 〈해리포터〉 속의 베리타세움(진실을 말하게 하는 마법의 물약)이 아니다. 오히려 더 연구하고 개발해야 할 '과학'이다. 그만큼 철저한 전문가 양성과 교육이 필요하다는 이야기다.

· 자백의 심리학, 범인들이 자백을 하는 이유 ·

용의자의 신병을 확보한 상태에서 심증은 있지만 도통 물증이 나오지 않을 때, 경찰은 자백을 유도한다. 자백을 하면 형법51조(양형의 조건), 53조(작량 감형), 59조(선고유예의 조건), 62조(집행유예의 요건)에 따라 형량이 가벼워질 수 있으니 고생하지 말고 사실대로 말하라며 어르고 달랜다.

그렇다면 범인들은 왜 자백을 할까? 형량을 줄일 수 있다는 판단에서 일까. 피의자들이 자백을 선택하는 이유는 생각보다 다양하다.

줄랍스키David E. Zulawski와 윅랜드Douglas E. Wicklander가 쓴《실용 면접과 심문Practical Aspects of Interview and Interrogation》(2002년)에 따르면, 피의자들이 자백을 하는 이유는 10가지가 넘는다. 우선 죄책감과 불안, 그로인한 스트레스 등을 견디지 못해 자백한다. 조사를 받는 범죄자도 조사를 받는 현재의 상황으로부터 탈출하고자 하는 욕구가 크기 때문이다. 다만 한 번 자백을 하면 법적인 책임을 져야 하기에 범인은 끊임없이 자백하고픈 욕구를 누르고 참는 것이다. 또 수사 상황을 보아하니 결국 모든 것이 드러날 것이라 판단했을 때 범인은 자백을 한다.

앞서 말한 것처럼 수사를 받으면서 불안과 스트레스를 느끼고 있는 상황에서 다 불어버리고 마음이라도 편해지자는 심리다. 한편 범인들은 담당수사관이 진짜 믿을 만한 사람이라는 신뢰를 가질 때 자백을 하는 일이 많다고 한다. 따라서 경험 많은 유능한 프로파일러 등은 속칭 밀당(밀고 당기기)의 고수다. 입을 굳게 다문 범인의 심리상태 속에 들어가 순간 변하는 심리적 동요 등을 정확히 집어내서 범인이 마음을 열 기회를 준다. 물론 베테랑 수사관이 아니어도 자백을 받아내기 어렵지 않은 범인도 있다. 속칭 '떠벌이형'이다. 마약을 하거나 술을 마시고 심리적으로 흥분된 상태에서 나오는 자백이 그렇다. 나름 범행을 할 수밖에 없었다고 변명하고 싶은 경우나 자신이 한 짓이 윤리적으로나 도덕적으로 옳다고 믿는 확신범 또는 양심범도 비슷한 양상을 보인다.

반갑지 않은 자백도 있다. 자신의 명성을 위해 거짓 자백을 하는 경우나 총알받이 역할을 자진한 조직폭력배 등이 대표적인 예다. 때론 더 큰 죄를 숨기기 위해 자백을 하거나 피의자가 또다른 공모자를 보호하기 위해 자백을 하는 경우도 있다.

심문은 과학이다. 범인들이 쉽게 입을 열도록 하기 위해 인위적인 환경을 만들어주기도 한다. 이미 과학이나 심리학적으로 검증된 이론들을 진술녹화실 등을 만들 때 접목시키는 것이다. 보통 진술녹화실의 크기는 가로·세로 3미터 정도가 적당하고, 조명은 지나치게 밝지 않은 것이 좋다. 벽 색상은 지나치게 화려하지도 어둡지도 않은 차분한 색을 이용한다. 되도록 피의자를 불안하게 만들지 않도록 하기 위함이다. 같은 이유에서 조사실 안쪽 출입문에는 커다란 모양의 잠금장치 등을 달지 않는다. 피의자와 수사관의 최소거리를 120센티미터로 한다든지, 되도록 45도 정도 비켜앉는다든지 하는 것도 같은 맥락이다.

미국의 경우 자백은 곧 결정적 증거다. 수사 과정에서 용의자가 자백했다는 사실을 법원이 인정하면 바로 유죄가 될 수 있다. 당시 현장 상황은 범인이 아니라면 알 수 없으므로 구체적인 자백 내용을 사실로 보는 경향도 짙다. 하지만 우리나라는 좀 다르다. 피고인이 수사기관에서 자백하더라도 그것 자체만으로는 유죄가 성립되지 않는다. 자백 이외에 다른 증거를 제시해 범죄 사실을 입증해야 사실상 수사가 마무리된다.

다발성 손상이 남긴 진실
부러진 다리뼈 높이, 범인이 탄 차를 알려준다

2004년 4월 28일, 경기 안성시 외곽의 도로변 산자락. 나물을 뜯던 동네 여인들이 뼈만 남은 사람의 팔을 발견했다. 바로 옆 헤집어진 흙바닥 틈으로 백골이 된 머리뼈도 보였다. 주변엔 썩는 냄새가 진동했다. 굶주린 산짐승들이 누군가의 묘소를 건드렸다는 생각에 사람들은 소름이 돋았다. 후들거리는 다리를 겨우 추슬러 쏜살같이 산을 내려왔다. 이 얘기를 전해들은 동네 어른들은 하나같이 고개를 갸웃했다. 정상적으로 묘를 썼다면 그렇게 동물이 시신을 훼손할 정도로 얕게 묻을 리도, 근처에 썩는 냄새가 진동할 리도 없다고 입을 모았다.

주민들의 신고를 받고 도착한 경찰 감식반은 엎어진 채 매장되어 있는 여성의 시체를 발견했다. 시신은 땅바닥에서 30센티미터 정도 깊이에 묻혀 있었다. 마음이 급한 누군가가 시신을 숨기려 한 정황이 역력했다. 최초 팔이 발견된 곳으로부터 서너 걸음 떨어진 곳에서는 신체의 다른 일부도 발견됐다. 굶주린 산짐승들 때문에 주검은 비록 여기저기 흩어졌지만, 결과적으로 그 덕에 여성은 억울함을 풀 기회를 얻었다. 여성은 분홍색 반소매 티셔츠에 청바지를 입고 있었다. 키는 170센티미터가량. 비교적 큰 체구였다. 하지만 그 이상을 알아내기는 어려웠다. 신분증이나 지갑도 없었고, 손가락은 심하게 부패해 지문 채취가 불가능했다. 감식반은 시신을 국립과학수사연구원으로 옮긴 뒤 실종자 명단을 뒤지기 시작했다.

교통사고 추락사고로 인한 메세레르 골절

시신은 숨을 거둘 당시의 정황을 고스란히 담고 있었다. 사인은 다발성 손상. 부러진 곳이 한두 군데가 아니었다. 갈비뼈는 무려 17곳이 나갔다. 부검의는 여성의 왼쪽 다리뼈와 아래·위 팔뼈를 유심히 살폈다. 부러진 곳은 하나같이 쐐기 모양을 하고 있었다. 갑작스러운 충격에 순간적으로 휘어지던 뼈가 더 버티지 못하고 충격의 반대 방향으로 비스듬하게 갈라진 모습이었다.

메세레르 골절. 교통사고나 추락사고 등으로 신체가 강한 충격을 받았을 때 생기는 손상이다. 경찰은 일단 그녀가 교통사고나 추락사고 등으로 숨진 뒤 이곳에 매장된 것으로 추리했다.

그렇다면 추락과 교통사고 중 어느 것이 원인이었을까. 비밀은 부러진 다리뼈에 숨어 있었다. 부검의는 뼈를 추슬러 부러진 부위의 정확한 높이를 쟀다. 사인이 교통사고였다면 그녀의 다리뼈에는 자동차 범퍼와 부딪칠 때 생긴 골절이 남아 있을 가능성이 크기 때문이다. 자동차 범퍼의 높이는 차종마다 다르다. 일반 세단형 승용차는 50센티미터 안

팍이고 소형 트럭이나 소형 버스는 60센티미터, 스포츠유틸리티차량 SUV이나 대형 트럭, 버스 등은 이보다 높다.

여기에는 물론 변수가 있다. 급제동 여부다. 브레이크를 강하게 밟는 순간 자동차 앞부분이 아래로 숙여지기 때문에 손상 부위가 실제 범퍼의 높이보다 낮은 곳에 자리 잡게 된다. 사고 당시 신발의 높이도 변수가 된다. 숨진 여성의 넓적다리뼈는 발바닥으로부터 65센티미터 정도 높이에서 부러져 있었다. 결론적으로 여성은 승용차보다는 범퍼가 높이 달린 트럭이나 SUV 등에 부딪혔을 가능성이 높다는 결론이 나왔다.

여기서 잠깐, 보행자가 차와 부딪쳤을 때 뼈가 견뎌낼 수 있는 강도를 따져보자. 흔히 예상하는 것보다 세지 않다. 건강한 성인 남자라도 시속 25킬로미터로 서행하는 경차(약 650~700킬로그램)와 부딪치면 뼈가 부러질 수 있다. 경차의 속도가 시속 45킬로미터까지 올라간다면 부딪힌 사람은 예외 없이 뼈가 부러진다. 물론 뼈가 약한 여자나 노인, 아이들은 더 작은 충격에도 뼈가 부러진다.

여성의 신원이 확인됐다. 열 달 전 집을 나가 소식이 끊긴 인근 동네의 새댁 A(당시 33세)씨였다. 이가 빠진 모양과 키, 사라질 당시 입고 있던 옷, 나이답지 않게 많았던 새치까지 모든 것이 일치했다.

2003년 7월 초, A씨를 마지막으로 본 것은 구멍가게 여주인이었다.

"아마, 가게 문 닫을 시간이었죠. 밤 10시 20분쯤, 남편 끓여준다며 라면을 사 갔어요. 아… 새댁이 나간 후 '쿵' 하는 소리가 났어요. 무슨 일이 있나 나가 봤는데 아무것도 보이지 않더라고요."

10개월 전 현장에 떨어진 손톱만 한 크기의 증거

강력반 형사들은 그녀가 집으로 돌아가는 길에 교통사고를 당했고, 사고 차량의 운전자가 시신을 숨겼다고 판단했다. 이제 10개월 전 인적 드문 시골길에서 뺑소니를 친 범인을 찾을 차례. 막막해하는 형사들에게 반장은 호미를 하나씩 건넸다. "다들 현장에 나가서 후딱 증거 찾아와!"

형사들의 투덜거림 속에 예상 외의 성과가 나왔다. 두께 5밀리미터, 지름 2~3센티미터 정도의 엄지손톱 크기만 한 플라스틱 조각 세 개였다. 그곳에서는 몇 년 동안 한 건의 교통사고도 없었다. 경찰은 차량정비 전문가들을 통해 그 조각들이 1991~1996년식 SUV 갤로퍼의 방향지시등 덮개임을 알아냈다.

당시 안성과 충북 진천 등 그 일대의 해당 차종 소유자는 286명이었다. 경찰은 이들을 상대로 A씨가 사라진 당일의 행적과 차량 보험처리 여부, 방향지시등 교체 여부 등을 조사했다.

한 명씩 용의선상의 인물을 좁혀가는 과정에서 범인이 먼저 움직였다. 최근 방향지시등은 물론 엔진까지 교체한 같은 동네 주민 B(43세)씨였다. 그가 경찰 조사를 받은 뒤 바로 잠적해버린 것이었다. 도주 과정에서 그는 가족에게 뺑소니와 암매장 사실을 시인했다. 경찰은 안성 시내를 뒤져 B씨를 검거했다.

그런 독한 짓을 했을 것으로 보이지 않는 평범한 사람이었다. 그날 밤 B씨는 시내에서 집으로 돌아오는 길이었다. 앞에서 오는 대형 트럭의 전조등이 시야를 가리는 순간, 차량 오른쪽에 뭔가가 치었다는 느낌이 들었다. 처음에 그는 '들짐승이겠지' 하는 생각에 그냥 차를 몰았다고 했다. 하지만 불안한 마음이 들었고, 몇 시간 뒤 다시 돌아와 살펴보니 논두렁에 A씨가 쓰러져 있었다고 했다. 논두렁에서 새댁을 꺼내 차에 실은 그는 차를 몰았다. 우선 달아나야 한다는 생각이 들었다. 어느덧 갈림길이 나왔다. 한쪽은 병원을, 다른 한쪽은 산을 향하는 길이었다. 핸들의 방향에 따라 그의 운명이 바뀌는 자리였다. 잠시 후 그의 차는 산 쪽을 향하고 있었다.

강릉 40대 여인 살인사건
살인자의 화장품 향기, 그것은 '트릭'이었다

2003년 3월 22일 새벽, 강원도 강릉시의 한 연립주택. 4층에 불이 났다는 신고에 소방관들이 출동했다. 문이 안에서 잠긴 집안은 연기와 화기로 가득했지만 아무리 불러도 인기척이 없었다. 문을 부수고 들어간 소방관들은 20여 분 만에 화재를 진압했다. 불이 시작된 곳을 찾으려고 방을 하나씩 뒤지던 신입 소방관의 얼굴이 하얘졌다. 그는 급히 선배를 불렀다. "여, 여기…. 칼 맞은 시체가 있어요."

사건은 경찰로 이관됐다. 희생자는 집주인 A(당시 49세, 여성)씨. 시신은 침대방 한쪽 이불더미 밑에 숨겨져 있었다. 범인은 이불을 태워 시신속 어딘가에 남아 있을지 모를 자신의 흔적을 지우고 싶은 듯했다. 불에 탄 시신은 두 손을 앞으로 모은 채 마지막 저항을 하는 듯한 모습이었다. 법의학에서 말하는 투사형 자세Pugilistic Attitude였다. 고온에 오랫동안 노출된 시신의 근육이 수축하면서 일어나는 일종의 열강직 현상이

162

다. 보통 사람의 몸은 펴는 근육(신근)보다는 당기는 근육(굴근)이 더 발달해 있기 때문에 그만큼 열강직 현상도 당기는 근육에 많이 나타난다. 불에 탄 시신은 손목과 팔꿈치를 오므리는 권투 자세를 취하는 경우가 많다.

잘못 끼워진 첫 단추에 수사는 산으로

사인은 다발성 자창. 범인은 A씨의 등과 왼쪽 팔 등을 무려 35군데나 찔렀다. 매우 당황했거나 복수심에 불탄 자의 소행으로 보였다. 칼의 방향을 봐서 범인은 오른손잡이였다. 범인은 안방과 작은방, 거실과 드레스룸 등 네 군데에 동시에 불을 놨다. 이상한 점은 화재현장 여기저기서 화장품 향이 진동한다는 것이었다. 원인은 곧 밝혀졌다. 거실 바닥에 뚜껑이 열린 채 어지럽게 널려 있는 스킨로션을 수거해 조사한 결과, 발화지점에서 발견된 에틸알코올과 같은 성분임이 드러났다. 영악하게도 범인은 에틸알코올이 들어간 화장품을 집안 곳곳에 뿌린 뒤 불을 붙인 것이다.

범행현장에 불을 지르는 범인들은 화재와 함께 증거가 될 만한 모든 것이 날아갈 것이라고 믿는다. 지문이나 족적은 물론이고, 범행 시각이나 도주로도 지울 수 있다고 생각하곤 한다. 하지만 오산이다. 방화든 실화든 화재현장에 완전연소가 일어나는 일은 드물다. 알코올이나 휘발유 등 인화성 물질도 바닥이나 벽 틈에 모두 연소되지 않은 채 남아 있는 경우가 많다. 화재 잔류물 역시 남기 마련이고, 그 속에서 증거물이 고스란히 나온다. 오히려 불을 붙이는 과정에서 불은 범인에게 방화범이라는 꼬리표를 남기는 경우가 있다. 화재현장에서는 어느 부분이 발화점인지를 찾는 것이 우선이다. 불이 시작된 위치에 따라 방화인지 실화인지 또는 전기합선에 의한 화재인지 등을 가늠할 수 있기 때문이다. 이 사건처럼 알코올이나 석유, 신나 등을 뿌린 뒤 불을 지른 현장에선 발화점이 여러 군데에서 발견된다. 인화성 물질이 뿌려진 자리를 중심으로 심하게 탄 자국이 나기 마련이다. 공통된 점은 범인도 제 살 궁리를 하기 때문에 출입문 등 도망갈 퇴로를 등지고 유류를 뿌린 흔적이 나타난다는 점이다. 이 밖에 불이 시작된 부위에는 보통 'V' 자 형으로 그을음 자국이 생긴다. 또 화재 초기에 산소가 충분해 완전연소에 가까웠던 지점은 흰색으로 변하는 주염흔主焰痕이, 반대로 산소가 부족해 불안전 연소가 된 곳은 검은 그을음이 생기는 주연흔主煙痕이 나타난다.

경찰은 이 사건을 면식범에 의한 계획된 살인이라고 판단했다. 강제로 문을 연 흔적이 없는 것으로 보아 범인은 집주인을 알거나 집 열쇠를 지니고 있는 사람이라고 생각했다. 집안에 불을 놓은 뒤 열쇠로 문을 잠그고 유유히 현장을 빠져나갔다고 봤다. 이런 추리 뒤에는 현관 외에는 나갈 다른 길이 없다는 점도 한몫했다. 범행 장소가 연립주택의 맨 꼭대기 층이어서 창문을 통해 옥상으로 올라갈 수도 있지만, 옥상 지붕이 너무 가파르고 미끄러워 죽음을 각오해야 하는 길이었다. 귀금속을 챙기지 않은 것도 원한에 의한 범행을 의심케 했다. 경찰은 피해자 주변인들을 용의선상에 올렸다.

하지만 수사는 겉돌았다. 의심할 만한 용의자들은 알리바이가 명확했다. 무언가 전환점이 필요한 상황. 방화현장을 다시 뒤지던 경찰로부터 연락이 왔다. "현관 안전핀이 눌려 있다"는 보고였다. 일반적으로 보조

잠금장치인 안전핀은 집 안에서만 누를 수 있도록 설계되어 있다. 밖에서 열쇠로 잠그더라도 안전핀은 눌러지지 않는다. 아파트 현관의 안전핀이 눌린 상태라는 것은 즉 범인이 현관이 아닌 제3의 통로로 도주했다는 이야기다. 뒤늦게 확인한 옥상에는 뜯겨진 방충망과 범인이 버린 장갑이 보였다. 면식범만을 쫓던 경찰은 수사 방향을 재설정해야 했다.

폰팅에 중독된 20대 살인자?

막막하기만 했던 수사는 A씨의 휴대전화를 찾으면서 활기를 띠었다. A씨의 휴대전화를 훔쳐간 범인은 대담하게도 범행 후 사흘 동안 이 휴대전화를 이용하다가 인근 시외버스터미널에 버렸다. 휴대전화 사용명세서를 뽑아본 경찰은 황당했다. 전체 20여 통의 전화 중 대부분이 속칭 폰팅으로 불리는 음란성 유료전화를 거는 데 이용됐다. 마치 규칙이라도 정한 듯 폰팅은 짝수 날에만 이어졌다. 범인은 그렇게 죽은 여인을 끝까지 이용했다.

"사람을 죽인 날, 그것도 죽은 사람 전화로 폰팅하는 걸 보면 이거 완전 중독인데요."

"근데 좀 이상하지 않아? 하루 10통씩 폰팅하던 놈이 홀수 날엔 왜 한 건도 전화를 안 했을까…? 황 형사, 격일제로 근무하는 경비원이나 공익근무요원 중에서 동종 전과자부터 뽑아봐."

폰팅업계 특성상 경찰은 그들의 협조를 받아내기가 쉽지 않았다. 경찰은 범인이 건 한 통의 114 안내전화에 주목했다. 범인이 안내받은 곳은 강릉시 주문진에 있는 한 세탁소였다. 경찰은 한 20대 남자가 여관에서 "세탁물을 가져가라"는 전화를 건 것을 확인했다. 남자가 맡긴 무스탕 점퍼 소매에는 혈흔이 선명하게 남아 있었다. 죽은 A씨의 피였다. 경찰은 잠복 끝에 K(21세)씨를 검거했다. 예상대로 K씨는 격일로 근무하는 시청 공익근무요원이었다. 그는 순순히 범행 사실을 시인했다. 카드빚에 시달리던 K씨는 혼자 귀가하는 A씨를 보고 집을 털 생각을 했다. 처음엔 배달원을 가장해 집에 들어가려고 했지만 속아 넘어가지 않자 옥상을 통해 집으로 침입했고, 범행이 발각되자 엉겁결에 칼을 휘둘렀다고 말했다.

형사들을 기막히게 한 것은 범행 후 그의 행적이었다. 피 묻은 20만 원을 들고 그가 간 곳은 PC방이었다. K씨는 말을 이었다. "형사 아저씨, 그날 저 죽는 줄 알았어요. 불은 났지, 연기는 나지. 근데 현관문이 안 열리더라고요."

소년의 티를 갓 벗은 20대 초반의 살인자는 그래도 제 목숨 귀한 줄은 알고 있었다.

살해돼 물속으로 던져진 시신들
가스 찬 시신, 억울한 죽음을 알렸다

2008년 7월 초 어느 날, 전북 군산시 만경강 하구. 사방이 칠흑같이 어두운 새벽 1시에 한 남자가 커다란 물체를 둘러메고 다리 한가운데로 왔다. 그는 한참 동안 주변을 둘러보더니 갑자기 물체를 번쩍 들어올렸다. 가슴팍까지 올라오는 난간 위로 괴력을 발휘했다. 곧바로 강물 위로 던질 태세. 여자다. 피가 흐르는 여자의 시신. 목에는 4킬로그램짜리 콘크리트 벽돌이 달려 있었다. 여자의 체중에 벽돌 무게까지 더해진 시신은 '풍덩' 격한 소리를 내며 차가운 만경강 바닥으로 빨려 들어갔다.

그로부터 6개월이 흐른 그해 12월 중순 새벽 무렵, 경북 고령군의 한 저수지. 한 남자가 제방 한편에 차를 대더니 트렁크에서 검은 여행가방을 꺼냈다. 비포장 길로 힘겹게 가방을 끌고 온 남자는 물가에 다다르자 지퍼를 열었다. 틈새로 보이는 것은 여성의 팔. 남자는 얼른 가방 안쪽으로 돌덩이를 쑤셔넣었다. 그 무게가 족히 10킬로그램은 될 듯하다.

남자는 가방을 저수지로 밀어넣었다. 최대한 깊은 쪽으로.

사건이 있던 날, 살해 동기도 나이도 성격도 각기 다른 영 · 호남 남자 두 명의 소원은 단순하면서도 같았다. 자기가 죽인 여자의 시신이 제발 물 위로 떠오르지 않기를 바라는 것, 그뿐이었다.

살인을 저지른 사람들은 시신이 발견되지 않기를 바란다. 시신이 완벽하게 사라져준다면 자신의 죄를 숨길 수 있을 것이라는 막연한 믿음 때문이다. 살인범들의 공통점 중 하나는 세상과는 격리된 어딘가에 시신을 꼭꼭 숨기고 싶어 한다는 점이다. 그래서 택하는 방법이 수장水葬이다.

___

영 · 호남 살인자들의 아이러니한 최후

하지만 그들이 머릿속에서 살인의 악몽을 지울 수 없듯, 물에 숨긴 시신은 떠오르기 마련이다. 시신이 부상浮上하는 것은 신체조직을 이루는 기초물질들이 부패하면서 가스를 만들어내기 때문이다. 물속에서 공기를 불어넣은 튜브가 물 밖으로 떠오르는 것과 다르지 않다. 문헌상으로는 몸을 이루는 기초물질이 가스로 변할 때 각 조직의 부피는 최대 22.4배까지 팽창하는 것으로 보고된다.

죽은 사람은 물에 빠지면 처음에는 가라앉는다. 하지만 시간이 지나고 몸속 박테리아의 활동으로 신체 조직이 부패해 가스가 만들어지면 부력을 갖는다. 단, 시신이 언제 물 위로 떠오를지를 딱 꼬집어 말하기는 어렵다. 변수가 많기 때문이다. 입수 당시 시신의 부패 정도, 몸무게나 키는 물론이고 어떤 옷을 입고 있었는지 등에 따라 천차만별이다. 시신이 빠진 곳이 호수인지 강물인지, 바닷물인지에 따라서도 시신이 떠오르기까지의 시간이 달라진다.

모든 조건이 같다는 전제에서 시신이 떠오르는 순서는 호수-강-바다 순이다. 고여 있는 물에서는 박테리아 증식이 빠른 반면 염분이 많은 바닷물에서는 박테리아 증식이 더디다는 이유에서다. 가장 큰 영향을 주는 것은 수온이다. 여름철에 물에 빠진 시신은 2~3일이면 모습을 드러내지만, 비슷한 조건에서 겨울에 빠진 시신은 몇 주 또는 몇 개월이 걸리기도 한다. 떠오른 시신이 한없이 물 위를 떠다니지는 않는다. 튜브에 구멍을 내는 듯한, 또다른 변수가 존재하는 탓이다. 선박의 프로펠러나 갈매기, 바다생물 등이 이에 해당한다. 파열 등 훼손이 가해지면 시신은 다시 가라앉는다.

실제로 두 남자에게 살해당한 여성들의 경우, 발견된 시기에 차이가 많이 났다. 여름에 살해된 후 만경강에 던져진 시신은 3일 후에 발견됐지만, 한겨울 저수지 속에 던져진 시신은 6개월 후인 이듬해 5월 초에야 세상에 모습을 드러냈다. 시간 차는 있었지만, 여자의 몸에 달아놓은 돌덩이는 부력을 이기지 못했다. 아이러니하게 두 남자는 말로도 같았다. 여자 택시기사를 성폭행하고 나서 살해한 군산의 살인범(당시 34세)은 각각 택시와 여성의 몸에 지문과 DNA를 남김으로써, 동거녀를 살해한 살인범(당시 38세)은 범행 후 숨어 지내다 검거됐다. 두 사람 모두 희생자들의 시신이 떠오르고 나서 열흘도 채 되지 않아 검거됐다.

교활하고 치밀한 교수의 커다란 실수

돌덩이보다 튼튼하고 단단한 도구로 좀더 치밀한 준비를 했던 사람도 있다. 이혼소송 중인 아내를 살해한 혐의로 기소돼 국내 유기징역형으로는 법정 최고형인 30년 형을 받은 대학교수 강모(53세) 씨다. 2011년 5월, 전국을 떠들썩하게 했던 '부산 교수 부인 살인사건'. 강씨는 짜인 각본대로 내연녀 최모(50세) 씨와 범행을 저지른 뒤 사망한 부인의 몸에 쇠사슬 두 개를 칭칭 감았다. 쇠사슬이 풀릴 것을 걱정했는지 쇠고리로 줄을 엮은 그는 부인 박모(50세) 씨의 시신을 대형 등산용 가방 속에 욱여넣었다.

가방 속 시신은 부산 사하구 을숙도대교 위에서 강물에 던져졌다. 을숙도대교는 낙동강 하구에서도 맨 아래쪽에 위치한 교각으로 곧장 바다로 연결된다. 경찰은 "치밀하게 범행을 준비한 강 교수가 이쯤에서 바다 쪽으로 던지면 결국 해류를 따라 시신이 바다로 흘러들어갈 것이라고 계산했다"면서 "CCTV가 설치되어 있지 않은 점도 이 다리를 유기장소로 선택한 이유로 보인다"고 말했다.

사실 초기에 강씨의 계산은 절묘하게 맞아떨어졌다. 사건 초기부터 실종보다는 '시체 없는 살인사건'으로 판단한 경찰은 이례적으로 헬기 6대에 2,800명의 인력, 수색견까지 동원해 수색작업을 벌였지만 부인의 흔적을 찾을 수 없었다. 이런 걸 보면서 자신감이 붙은 강씨는 경찰서를 찾아가 "왜 아내를 찾아주지 않느냐. 경찰 수사가 이렇게 진전이 없을 수 있냐"고 항의했다. 하지만 불과 이틀 후 실종 50일째 되던 날, 부인의 시신은 해안가를 치우러 봉사활동을 나온 고등학생들에게 발견됐다. 그렇게 죽은 아내는 밀물과 썰물을 견뎌내며 남편이 자신을 버린 자리를 뱅뱅 맴돌고 있었다.

알리바이를 확보하기 위해 내연녀를 등장시키고 CCTV가 없는 만을 고르는 동선을 짜는 등 치밀한 범죄 계획을 세운 컴퓨터공학 교수는 그만 '부력의 물리학'을 간과하다 꼬리가 잡혔다.

첫 여성 연쇄살인범 김선자

죽기 전 그들 옆엔 'K', 그녀가 있었다

마리 라파르즈(1816~?)는 원치 않는 혼인을 했다는 이유로 늙은 남편에게 비소^{As}가 든 케이크 등을 먹여 독살한 프랑스의 여성 살인범이다. '독약의 왕'으로 불리는 비소는 당시 쥐나 해충을 잡는데 쓰여 누구든 쉽게 구할 수 있었다. 범행 당시 그녀의 나이는 22세. 비소를 먹은 남편이 쓰러지자 그녀는 계속 자신이 만든 음식을 먹여가며 남편을 극진히(?) 간호했다. 하지만 가족들의 의심까지 피할 수는 없었다. 실제 그녀가 남편에게 건넨 음식물 속엔 열 명을 죽이고도 남을 만한 비소가 들어 있었다. 남은 것은 남편 시신 속의 비소 성분을 찾아내는 것. 법원의 요청으로 스페인의 유명한 의사 마티유 오르필라$^{Mathieu\ Orfila}$까지 동원됐다. 오르필라는 결국 자신이 개발한 '마시시험법$^{Marsh\ test}$'을 이용해 무덤 속 남편의 시신에서 비소 성분을 검출해냈고, 덕분에 라파르즈는 종신중노동형을 받았다. 그녀의 사건은 법의학사^{史}에서 독살 혐의를 과학적인 방법으로 증명한 최초의 사건으로 기록됐다.

강력범죄에서 여성은 대개 피해자다. 목 졸리고, 찔리고, 베이는 대부분이 여성이다. 경찰청에 따르면, 2013년 한 해 강력범죄의 피해를 본 여성은 2만 3150명이었다. 남성(3,586명)의 3.4배에 이른다.

하지만 특이하게도 독극물을 이용한 살인사건이 벌어졌을 경우 가해자는 여성, 피해자는 남성인 경우가 더 많다. 경찰청이 국내에서 발생한 독극물을 이용한 살인사건 105건을 분석한 결과, 가해자의 남녀비율은 각각 41.8퍼센트 대 58.2퍼센트로 여성 범죄자가 더 많았다. 반면 피해자는 62.7퍼센트 대 37.3퍼센트로 남성이 많았다. 여성이라고 해서 늘 피해자에만 머물러 있지는 않는다. 독극물은 상대적으로 완력이 약한 여성이 남성을 해하기 위해 선택하는 '방법적 선택'인 셈이다. 연쇄살인도 예외는 아니다.

———

'K', 그녀를 만나면 죽는다

1986년 10월 31일, 서울 중구 신당동의 한 목욕탕 탈의실. 평일 아침 한적한 여탕 문 앞에서 40대 여성이 가슴을 부여잡고 호흡곤란을 호소했다. 증상은 점점 더 악화됐다. 몸에 심한 경련이 일더니 여성은 곧 거품을 물고 쓰러졌다. 목욕탕에 있던 사람들은 여성을 급히 응급실로 옮겼지만, 끝내 사망하고 말았다. 병원에서 판단한 사인은 독극물 중독. 경찰은 어리둥절해하는 목욕탕 손님들을 모두 경찰서로 데려가 조사했지만 이렇다 할 혐의점을 찾지 못했다. 가족들은 "평소처럼 이웃집 여자 K씨가 목욕을 하자고 해서 아침나절에 집을 나섰다"고 했다. 자살할 만한 이유는 전혀 없었다. 그런데 이상한 점이 있었다. 목욕 갈 때 걸고 나갔던 목걸이와 반지 등 패물이 사라진 것 같다고 했다. 이것은 줄줄이 이어질 비극의 서막에 불과했다.

신당동 목욕탕 독살사건으로부터 5개월이 지난 1987년 4월 4일, 시내버스 내부. 의자에 앉아 있던 50대 여자가 갑자기 쓰러졌다. 여성의 입은 타들어갔고 전신에 심한 경련이 나타났다. 버스 속 한 젊은 승객이 여인을 들쳐 업고 병원 응급실을 향해 뛰었지만, 그녀는 이미 절명해 있었다. 사망원인은 이번에도 독극물 중독사. 죽은 여성의 주변을 조사하던 경찰은 50대 여성이 6개월 전 비슷한 사건으로 참고인 조사를 받았던 K씨와 같은 계원이라는 사실을 알게 됐다. 하지만 거기까지, 그게 전부였다. 석연치 않았지만 증거도 없는 상황에 무조건 그녀를 잡아넣을 수는 없는 노릇이었다. 사건은 그렇게 잊혀가는 듯했다. 1988년 7월 8일, 시내버스 독극물사건으로부터 다시 1년 3개월이 흘렀을 즈음. 오후 2시쯤 동숭동으로 향하는 버스 안에서 어지럼증을 호소하던 40대 여인이 쓰러졌다. 역시 병원으로 가던 도중 여성은 숨을 거뒀다. 구토에 어지럼증, 갑작스러운 호흡곤란과 경련.

불특정 다수를 노리는 죽음의 그림자에 경찰은 비로소 비상이 걸렸다. 하지만 당시는 88서울올림픽을 두 달여 남겨둔 상황이었다. 지구촌을 상대로 잔칫상을 차려놓은 집에서 연쇄독살사건이 벌어진 셈이니 경찰은 물론이고 당시 정권 차원에서도 반가울 리 없었다.

경찰은 어느 때보다 조용히 움직였다. 죽은 여성의 당일 행적을 쫓던 경찰은 소스라치게 놀랐다. 버스에서 숨진 40대 여인이 마지막으로 만난 사람은 바로 먼 친척 올케뻘 되는 K씨였다. "집을 사는데 480만 원이 모자란다"는 말에 12촌 조카는 돈을 챙겨 다방으로 나갔고, 둘은 서로 차용증을 주고받았다. 그러고 나서 헤어진 지 세 시간여 만에 사건이 일어난 것이었다. 이걸 어찌 우연으로만 볼 수 있을까. 경찰은 K씨를 잡아들였다.

무덤에서 파헤쳐진 시신들, 스스로 한을 풀다

경찰 수사가 진행되면서 엽기적인 실체가 하나둘 모습을 드러냈다. 마지막 사건이 벌어지기 4개월 전인 1988년 3월 27일에는 친척의 회갑잔치에 다녀오던 K씨의 아버지가 시외버스 안에서 갑자기 숨을 거뒀다. 다시 한 달 후인 4월 29일에는 그녀의 동생이 똑같이 버스 안에서 세상을 떴다. 그들이 숨진 자리에는 어김없이 K씨가 있었고, 둘 다 K씨가 건넨 건강음료를 마신 뒤 사망했다.

두 사람 모두 심장마비 등 병사로 처리됐다. 법의학 지식이 없는 일반 병원 의사로서는 원인이 독극물이라는 사실을 알아차리기 힘들었던 것이다.

K씨는 완강하게 혐의를 부인했다. "증거를 대지 않으면 가만히 있지 않겠다"며 고래고래 소리를 질렀다. 검찰은 신당동 목욕탕 희생자 등 이미 묻혀 있는 시신 네 구에 대해 부검을 결정했다. 무덤 속 시신을 도로 꺼내야 하는 부검은 수사당국으로서는 극도로 피하고 싶은 일이다. 관을 쪼개고 무덤을 헤집는 부관참시剖棺斬屍라는 부정적인 인식이 강한 데다 소득이 없을 경우에 쏟아질 세간의 비난이 만만치 않을 터였다.

경찰은 어렵게 유족의 동의를 얻어냈다. '불행 중 다행'으로 네 구의 시신 중 세 구에서 청산염 성분이 검출됐다. 가장 먼저 죽은 40대 여성의 시신은 너무 부패한 탓인지 청산염 성분을 찾을 수 없었다.

통상 청산가리라고 부르는 물질은 청산염의 일종이다. 정식 명칭은 시안화칼륨potassium cyanide. 극소량만으로도 생명을 앗아갈 수 있는 맹독성 물질이다. 순수한 청산은 수십 밀리그램만 먹어도 10분 안에 목숨을 잃는다. 무색으로 맹독성의 액체이고, 끓는점이 25.7도로 쉽게 가스로 변한다. 우리나라에서는 비교적 구하기 쉬워 자살의 목적으로 많이 사용된다. 부검을 했을 때 청산가리를 먹고 사망한 시신의 위 등에서는 썩은 복숭아 냄새bitter almond가 난다. 하지만 이 냄새를 선천적으로 맡지 못하는 사람도 있다. 2차 세계대전 당시 독일 나치스가 가스실에서 유대인들을 학살하는 데 사용했던 게 청산염이다.

맹독류는 강한 만큼 그 증거도 오래간다. 해외에서 사형용 물질로 쓰이기도 하는 바르비투르산염의 경우, 7년이 지난 무덤에서 성분이 검출된 사례도 있다. 아무튼 무덤을 파헤친 덕에 K씨의 엽기 연쇄독살극은 종지부를 찍었다.

경찰이 K씨의 집을 수색하자 그동안 피해자들로부터 훔친 다이아몬드 반지, 수표, 통장 등이 쏟아져나왔다. 도박과 향락에 빠졌던 그녀가 아버지, 동생, 친구 등을 살해한 후 얻어낸 물건들이었다. 결정적인 증거는 다소 황당하게도 압수수색을 하던 경찰관이 K씨의 집에서 변을 보다가 발견했다. 쪼그리고 앉자 일본식 가옥의 나무기둥 뒤에 난 작은 구멍이 보였다. 손을 넣어보니 돌돌 만 신문 뭉치가 나왔다. 그 속에 밤알 크기의 청산염 덩어리가 숨겨져 있었다. 화공약품회사에 다니는 친정 조카로부터 "꿩을 잡는다"며 구한 것이었다. 기세등등하던 K씨가 고개를 떨구는 순간이었다. 그녀는 그렇게 20개월 동안 아버지와 동생을 포함해 다섯 명의 목숨을 뺏어갔다.

그녀의 이름은 김선자. 1988년 검거 당시 49세였다. 우리나라에 서양 법과학이 도입된 이후 최초로 검거된 여성 연쇄살인범이었다. 그녀는 검거 후 9년 만인 1997년, 형장의 이슬로 사라졌다.

살인사건의 유일한 증거
머리부터 발끝까지 가렸지만 작은 쪽지에 '허점'을 남겼다

"도와주세요. 여, 여기… 사람이 죽어 있어요." 1993년 1월 말, 대구 중구의 한 4층 건물. 집주인 모자^{母子}가 방에서 칼에 찔려 숨진 채 발견 됐다. 집안에선 장판 밑에 숨겨놓은 비상금 12만 원이 사라졌다. 범인 이 어머니와 아들을 살해한 후 돈을 챙겨 달아난 것이다. 유일한 목격자 는 잠시 외출했다 돌아온 딸. 그녀도 인질로 잡혔지만, 극적으로 목숨을 구했다. 딸은 "셋방을 구한다"며 집으로 들어온 젊은 남자가 범행을 저 질렀다고 말했다. 그 남자는 셋방에 대해 꼼꼼히 묻더니 그냥 집을 나섰 다. 하지만 이내 다시 돌아와 돈을 요구하며 칼을 휘둘렀다. 여자 두 명 정도는 거뜬히 상대할 수 있다는 생각에 돌아온 듯했다. 하지만 작은 방 에서 잠을 자던 아들과 마주하면서 범행이 극단으로 치달았다.

"머리부터 발끝까지 검은 옷을 입었어요. 장갑은 물론이고 상하의 모 두 검정 가죽이었어요."

범인은 자기 모습을 보지 못하도록 가족들에게 이불을 덮어쓰게 했지만, 딸은 간간이 드러난 모습을 기억해냈다. 하지만 거기까지, 그게 전부였다. 현장에선 범인을 특정할 수 있는 지문이나 족적, 흉기 등 쓸 만한 증거물을 찾지 못했다.

"반장님, 이거 오래갈 수도 있겠는데요."

수사팀이 답답한 마음으로 방을 나오는데 방안에 떨어진 노란색 메모지가 보였다.

'이철수 956-OOOO'

경찰은 대수롭지 않게 쪽지를 들고 나왔다. 당시엔 이 한 장의 쪽지가 살인범을 잡는 결정적 증거가 되리라고는 아무도 생각하지 못했다.

———

연쇄살인강도가 남긴 메모 한 장

그로부터 한 달 반 정도가 지난 3월 중순, 대구에서 또다른 살인사건이 발생했다. 달서구의 한 회사 사무실에서 20대 여직원이 칼에 찔려 숨진 채 발견됐다. 범인은 여성의 가슴과 배를 20여 차례나 공격했다. 그는 처음부터 여성을 살해할 작정을 한 듯 심장 쪽을 집중적으로 찔렀다. 사무실에서는 현금 55만 원과 10만 원권 자기앞수표 다섯 장이 사라졌다.

사무실 통화기록과 여직원의 직장온도 등을 통해 추정한 범행시간은 오후 두 시쯤. 사무실 사람들은 평일 오후에 흉기를 든 채 회사로 들이닥친 범인의 대담함에 치를 떨었다. 하지만 경찰은 그 속에 해결의 실마리가 있다고 판단했다. 아무리 간 큰 강도라 해도 직원들이 분주히 움직이는 평일 오후 두 시에 사무실을 털러 가는 일은 없기 때문이다.

'범인은 정기적으로 이 사무실에 여직원만 있는 시간을 정확히 아는

사람일 것이다.'

여기에 수사의 초점이 맞춰졌다. 하지만 별다른 소득은 없었다. 지문도 머리카락도 찾을 수 없었다. 용의주도한 범인의 꼬리가 밟힌 것은 며칠 뒤였다. 돈이 궁했던 탓인지 범인은 사무실에서 훔친 10만 원권 수표 두 장에 이서를 한 뒤 현금으로 바꿔갔다. 지금처럼 CCTV가 흔치 않았던 시절이라 돈을 바꿔 간 사람의 모습은 확인할 수 없었지만 필적만은 정확히 남아 있었다.

'대구시 달서구 ○○2동 ×××-× 이철수'

"이철수? 잠깐, 1월에 있었던 중구 모자 살해현장에서도 이철수란 이름이 나오지 않았나?"

경찰은 두 사건의 연관성을 찾기 위해 메모지와 수표를 국립과학수사연구원에 넘겼다. 같은 시간 경찰들은 동일수법 전과자들을 뒤져나갔다. 그중에서도 여직원이 피살된 사무실을 드나든 적이 있었던 사람들을 추려나갔다.

이모(당시 28세) 씨가 참고인 자격으로 경찰 조사를 받은 것은 이때쯤이었다. 전과 3범인 그는 여자만 있는 집을 골라 강도를 하는 수법으로 이미 7년 6개월간 교도소 생활을 했고, 약 1년 전 출소한 상태였다. 경찰은 한때 그가 여직원이 살해된 회사에 업무 때문에 수시로 출입한 사실을 확인했다. 하지만 스스로 물증이 없다고 자신한 이씨는 자기를 조사하는 경찰에게 "증거도 없이 사람을 의심하느냐"며 거칠게 몰아붙였다.

이제 남은 마지막 희망은 필적 감정. 경찰은 이씨에게 글씨를 쓰게 했다. 고의적으로 필체를 숨길 가능성을 대비해 평소 그가 남긴 낙서와 메모 등도 수거했다.

국립과학수사연구원은 셋 다 같은 사람의 글씨라고 판정했다. 자획의 위치와 각도, 글씨가 시작하고 끝나는 지점, 자음과 모음을 연결하는 접필 상태, 필순과 특이한 습성까지 같다는 결론이 나왔다. 경찰은 이를 통해 이씨를 법정에 세울 수 있었다. 이 사건은 고등법원에서 '결정적 증거 부족'으로 판결나는 등 반전을 겪기도 했다. 2년에 걸쳐 상고와 재상고가 이어진 끝에 결국 대법원은 국립과학수사연구원 문서감정실의 손을 들어줬다. 이씨는 사형이 확정됐다.

• 필적 감정, 자외선 쬐면 잉크 차이도 확연히 드러나 •

사람의 글씨체에는 성장과정을 거치면서 생기는 고유한 습성이 반영된다. 어릴 때는 남의 글자를 흉내 내고 베끼기도 하지만 성인이 되면 필체가 고정된다. 필적은 자획의 기울어지는 각도와 글씨를 쓰는 속도, 글자의 간격과 크기, 자간 연결방법, 펜의 이동방법, 문자의 여백, 오자, 심지어 글씨를 쓰는 압력 등 무수한 습관에 따라 차이가 생긴다. 어디서 어떤 교육을 받았는지 등 물리적 요소뿐만 아니라 정신적 환경도 영향을 미친다.

실제 미국의 우편연구소는 일란성과 이란성 쌍둥이 500명을 대상으로 같은 필적을 지닐 수 있는지 연구했다. 6명의 문서감정 전문가 집단이 내린 결론은 '비슷한 쌍둥이라도 같은 글씨가 나오지는 않는다'는 것이었다.

독일의 생리학자 빌헬름 프라이어Wilhelm Thierry Preyer는 1895년 그의 저서에서 필적은 대뇌의 지배를 받는 생리작용이라고 했다. 이 때문에 손으로 쓰거나 입으로 쓰거나 발가락으로 쓰더라도 특징은 일치한다고 주장했다.

필적을 위조하는 데에는 여러 방법이 있다. 우선 다른 사람의 글씨를 보고 비슷하게 옮겨 쓰는 것을 임서臨書, 다른 사람의 글씨 위에 얇은 종이를 대고 그대로 베껴 쓰는 것을 골서骨書라고 한다. 위조하려는 글씨나 싸인 아래 종이를 놓고 강하게 눌러 자국을 낸 후 종이에 새겨진 자국을 따라 글씨는 쓰는 투사透寫라는 방법도 있다. 하지만 글씨를 정교하게 베끼거나 아무리 가필加筆을 한다고 해도 현대과학은 이를 충분히 가려낸

다. 입체현미경, 적외선현미경, 고정밀 비교분석기 등을 통해 확인하면
진짜와 가짜의 차이를 잡아낼 수 있다. 비슷하게는 만들 수 있어도 똑같
이는 만들 수 없기 때문이다. 그 미세한 차이를 잡아내는 것이 핵심이다.
예를 들어 적외선 장비를 이용하면 문서를 쓴 잉크가 서로 다른 것인지,
가필한 부분이나 덧칠한 부분은 없는지가 고스란히 드러난다.

억울한 소녀의 죽음

추락에 의한 자살? 몸을 통해 타살을 증언하다

2009년 가을 어느 날, 서울의 한 아파트 단지 화단 앞 보도에 10대 소녀가 피를 흘린 채 숨져 있었다. 최초 발견자는 아파트 경비원이었다. "비명 소리가 나더니 바로 '쿵' 하는 소리가 들리더라고요. 급히 밖으로 나왔는데 여자아이가 이렇게 쓰러져 있었어요." 언뜻 중학생이나 됐음 직한 앳된 얼굴의 소녀. 옆에는 꺾인 나뭇가지들이 잘게 흩어져 있었다. 추락하는 과정에서 나무 가장자리에 부딪힌 듯했다. 경찰은 아파트 건물 주변을 수색했지만 특이점은 찾아내지 못했다. 신원을 알려줄 만한 소지품도 나오지 않았다. 결국 소녀는 차가운 부검대에 올라야 했다.

사망 원인은 추락에 의한 다발성 손상. 추락사는 자살이나 사고사일 때가 많지만, 타살인 경우도 적지 않다. 미국 통계에 따르면 추락으로 응급실에 들어온 환자 중 20퍼센트는 범죄와 관련되어 있다. 혹시 모를 타살의 흔적을 찾아봐야 하는 이유다.

시신은 떨어질 때의 충격을 고스란히 머금고 있었다. 추락 과정에서 소녀는 본능적으로 몸을 오른쪽으로 튼 듯했다. 상처 부위가 모두 오른쪽에 집중됐다. 오른쪽 팔과 옆구리, 허벅지 등에 멍든 자국이 또렷했다. 온몸 곳곳에서 골절도 나타났다. 치명적인 상처는 머리뼈, 바닥에 가해진 충격 때문에 생긴 것이었다. 법의학적 용어로는 두개저 골절이라 부르는데 높은 곳에서 추락하거나 교통사고를 당했을 때, 심하게 넘어져 머리를 부딪쳤을 때 전형적으로 나타난다. 오른쪽 갈비뼈와 양쪽 어깨뼈, 오른쪽 엉덩뼈까지 성한 데가 없었다. 충격을 받은 뇌와 기도, 폐 등에는 피가 고여 있었다.

———

소녀의 몸에 난 두 줄의 상처

소녀는 어디에서 떨어진 걸까. 사고가 난 주상복합 아파트는 상가 위에 다시 아파트가 세워져 각각 옥상이 있는 구조였다. 상가는 2층 건물로, 옥상에는 높은 콘크리트 담으로 둘러싸인 어린이 놀이터가 있었다. 상가 위 비교적 낮은 옥상은 10여 미터 높이지만, 아파트 옥상은 수십 미터에 달했다. 건물 중간 높이에서 창을 열고 뛰어내렸을 가능성도 있었다.

부검팀은 시신의 손상 정도에 따라 추락의 높이를 계산해보기로 했다. 1998년 싱가포르의 과학자 라우Lau 등이 고안한 방법으로, 추락해 숨진 시신의 손상 정도를 지수화ISS, injury severity scale해 비교하면 떨어진 높이를 역으로 계산할 수 있다. 지수화 과정에서 변사자의 나이와 뇌, 심장, 골반, 척추, 비장, 흉부 대동맥 등 각 기관에 남은 손상 정도를 꼼꼼히 기록한다. 부검의가 추산한 높이는 10~20미터. 계산대로라면 소녀는 아파트 옥상이 아닌 상가 옥상에서 추락했을 가능성이 컸다. 복잡한 과정을 통해 굳이 시신의 추락위치를 꼼꼼히 계산하는 이유는 추락이 시작된 현장에 남아 있을 만한 증거를 찾기 위해서다. 실제 건물 3층 옥상을 수색한 결과 경찰은 주방용 비닐장갑과 빗자루 등을 발견할 수 있었다.

소녀의 몸속 상처를 유심히 살펴보던 부검의는 허리와 엉덩이에 남은 멍 자국에 주목했다. 중선출혈重線出血이었다. 우리 몸은 회초리, 지팡이, 혁대, 알루미늄 파이프같이 폭이 좁고 가벼운 물체로 맞으면 해당 부위의 가장자리에 두 줄의 출혈 자국이 생긴다. 영어로는 Double line hemorrhage(두 줄 출혈)이라고 부른다. 물론 추락 도중 엉덩이나 허리 부분이 나무에 걸렸다면 멍 자국이 생길 수 있다. 하지만 나무에 걸려 생긴 상처로 보기에는 멍이 발생한 부위가 광범위했다.

몸 안쪽의 흔적은 더욱 선명했다. 둔탁한 힘으로 피부는 파열되지 않았지만, 모세혈관과 정맥 등은 파열돼 출혈이 나타났다. 추가 조사에서 성적으로 학대당한 흔적도 드러났다. 소녀가 죽기 직전 누군가로부터 구타를 당한 것이다. 일단 타살로 수사의 초점이 모아졌다.

여기서 잠깐. 추락사한 시신이 스스로 떨어졌는지, 아니면 다른 사람에 의해 밀려 떨어졌는지를 과학적으로 밝히는 실험은 1970년대 초 미국 볼티모어에서 최초로 실시됐다. 남편이 10만 달러의 보험금을 타기 위해 부인 이리스 시거를 61미터 높이에서 밀어버린 이른바 '이리스 시거' 사건이다.

사건 초기부터 경찰은 남편을 의심했지만 증거가 없었다. 당시 부인의 시신이 발견된 위치는 건물 외벽에서 5미터 정도 떨어진 바닥이었다. 법의학자들은 아내의 몸무게와 똑같은 인형을 제작해 반복 실험을 했다. 실험은 발을 헛디뎠을 때와 스스로 몸을 던졌을 때, 뒤에서 밀었을 때의 세 가지로 나눠 진행됐다. 인형은 발을 헛디뎠을 때는 3.2미터, 뛰어내렸을 때는 4.3미터 이상을 벗어나지 못했다. 이를 바탕으로 경찰은 남편으로부터 "술에 취해 난간 밖으로 밀었다"는 자백을 받아냈다.

이 같은 연구는 현재 진행형이다. 2011년 일본의 한 법의학자는 떨어진 높이와 이 과정에서 추락자의 신체가 수평으로 이동한 거리 등을 분석해 스스로 투신한 것인지, 아니면 누군가에 의해 떠밀린 것인지를 규명하는 논문을 발표하기도 했다.

10대라기엔 너무 대담했던 소녀들

수사가 진행되면서 죽은 소녀의 신원이 밝혀졌다. 가출신고가 된 14세 A양이었다. 이상한 것은 A양이 숨지기 이틀 전 경찰서를 찾은 적이 있다는 점이었다. A양은 경찰에서 "동네에서 친구와 오토바이를 타다가 아이를 치고 그냥 달아났다"면서 "오토바이를 본 친구 등이 말하지 말라고 신신당부했지만 어린아이가 다친 걸 생각하니 양심의 가책이 너무 컸다"고 말했다.

경찰은 곧바로 사라진 B(15세)양과 C(13세)양을 수소문했다. 탐문 과정에서 경찰은 이 소녀들이 친구들에게 "배신자(A양)를 붙잡아 흠씬 두들겨 팬 후 옥상에서 밀어버렸다"고 말하고 다닌다는 이야기를 듣게 됐다. A양을 성적으로 학대한 것도 그들이었다.

B양과 C양은 특수절도죄로 몇 달 전 한 보호관찰소 위탁감호시설에

입교해 알게 된 사이였다. 이들은 A양을 건물 아래로 밀어 떨어뜨린 점을 인정했다. 하지만 살해 의도는 없었다고 진술했다.

이들은 죽은 소녀가 자신들을 배신한 데 대해서는 여전히 화가 풀리지 않은 상태였다.

토막 시신 전철역 화장실 유기사건
시체의 얼룩이 일러준 범인이 사는 동네

"아저씨! 아저씨!"

2007년 1월 24일 오후 3시 30분, 수도권의 한 전철역 플랫폼. 역무원이 큰 소리로 불러도 사내는 못 들은 척, 가던 길을 계속 간다.

"아유~, 몇 번을 불러도 참…."

답답해 달려온 역무원이 검은 여행가방을 끌고 가던 30대 남자를 멈춰 세웠다.

"이봐요, 가방에서 피 떨어지잖아요."

남자는 무표정하게 힐끗 가방을 내려다보더니 다시 아무 말없이 발걸음을 옮겼다. 싸구려 가방에선 여전히 피가 뚝뚝 떨어졌다.

"거기 대체 뭐가 들었어요?"

"이거 아무것도 아닌데, 그냥…, 돼지고기 40킬로그램이요."

퉁명스러운 듯 어눌한 말씨. 중국동포든 한족이든 중국인이 분명해

189

보였다. 역무원이 가방을 열어보라고 하자 남자는 순순히 따랐다. 몇 겹의 비닐을 젖히자 하얀 돼지의 살갗이 나왔다.

"죄송하지만 쇠고기건 돼지고기건 핏물 떨어지는 가방을 갖고 전철을 탈 수는 없어요."

남자는 곤란한 표정을 짓더니 잠시 후 발길을 뒤로 돌렸다.

그로부터 한 시간가량 지났을 때 순찰하던 역무원이 1층 남자화장실의 장애인용 변기 옆에서 그 가방을 발견했다. 바닥에는 피가 홍건했다. 가방을 열어본 역무원은 소스라치게 놀랐다. 그것은 돼지고기가 아니라 벌거벗은 여자의 시신이었다.

몸통뿐인 여성의 신원을 찾아라

경찰이 출동하고, 토막 시신을 발견한 사실이 삽시간에 전철역 구내에 퍼지면서 화장실 주변은 행인과 기자들로 발 디딜 틈이 없을 정도였다. 범인은 장애인용 변기 쪽에 가방을 버리면 시간을 조금이라도 더 벌수 있다고 계산한 듯했다. 왼쪽 바퀴가 떨어져 나가고 아래에 구멍이 났지만 가방은 새것이었다. 상표와 손잡이 부분의 비닐이 그대로였다. 범행 후 시신을 옮기기 위해 급히 구입한 듯했다.

시신은 모두 세 토막이었다. 머리와 사지가 잘린 몸통, 그리고 손이 없는 양쪽 팔이었다. 시신은 옷가지, 이불, 쓰레기봉투 등으로 싸여 있었다. 하지만 여성의 몸에서 얻을 수 있는 정보는 극히 제한적이었다.

숨진 여인이 누구인지, 어디에서 어떻게 살해됐는지 등을 알아야 수사의 첫 단추를 끼울 수 있지만, 얼굴과 손이 없으니 몽타주도 지문도 확인할 수가 없었다. 몸에 남은 힌트는 여인의 혈액형이 A형이고, 몸통에 특이하게 생긴 사마귀가 다섯 개 있다는 것 정도였다.

하지만 특이한 점이 있었다. 몸이 돌처럼 굳는 사후 강직도, 시신의 반점도 나타나지 않았다는 것이다. 시체 유기를 위해 시신을 해체하는 데 걸렸을 시간 등을 고려하면 매우 이례적인 일이었다.

일반적으로 사람이 죽으면 몸이 곧바로 굳어질 것으로 생각하지만 실제로는 그렇지 않다. 서서히 굳기 시작해 12시간이 지났을 때 강직도가 최고조에 달한다. 그 이후 강직이 서서히 풀리기 시작하는데 몸이 완전히 이완되기까지 걸리는 시간은 기온 등 계절적 요인에 영향을 받는다. 여름에는 24~36시간, 봄·가을에는 48~60시간, 겨울에는 3~7일 정도 걸리는 것으로 연구결과가 나와 있다. 몸이 굳는 데도 일정한 순서가 있다. 목 → 어깨 → 손 → 허리 → 다리 → 발 등으로 이어지는 사람이 있는 반면, 발부터 굳기 시작해 반대로 목까지 몸이 굳는 사람도 있다. 목부터 굳기 시작하면 하행성 시강, 발부터 굳기 시작하면 상행성 시강으로 부르는데 한국 사람은 하행성이 많다고 한다. 흥미로운 것은 옛날 분들은 하행성 시강은 살아서 착한 일을 많이 한 사람, 상행성은 나쁜 일을 많이 한 사람이라고 생각했다는 점이다. 추론컨대 흔치 않은 왼손잡이를 나쁜 것으로 치부했던 사회적 시각이 반영된 것이 아닌가 싶다.

사람이 죽으면 근육의 수축·이완에 에너지원 노릇을 하는 아데노신트리포스페이트ATP 성분이 줄어드는데 이 때문에 몸이 굳는다는 게 정설이다. 이후 굳었던 근육이 다시 풀어지는 것은 부패의 과정으로 해석된다. 시신의 얼룩인 시반屍斑은 혈액 성분 중 비교적 무게가 많이 나가는 적혈구가 가라앉으면서 생기는 현상이다. 심장이 뛸 때 적혈구는

백혈구 등과 함께 섞여 있지만, 심장박동이 멈추면 피는 비중에 따라 서로 다른 층을 이루게 된다.

토막살인의 장소는 바로 근처 옥탑방

"시반이 나타나지 않은 건 출혈량이 워낙 많은 데다 시신 훼손이나 유기 과정에서 몸이 자꾸 움직여져서 그런 것으로 보입니다. 사후 강직이 일어나지 않은 것은 여성이 살해된 지 얼마 안 됐음을 알려주는 것이고요."

수사진의 이런 초기 예측은 정확한 것이었다. 강직이나 시반이 생기기도 전에 시신을 처리했다면 범행 장소는 전철역 인근일 것으로 경찰은 추정했다.

"수십 킬로그램에 이르는 여행가방을 끌고 전철역으로 향한 점, 또 이 지역 종량제 쓰레기봉투를 이용한 점으로 봤을 때 살인범은 자기 차가 없는 이쪽 지역 거주자가 틀림없다."

경찰은 이례적으로 공개수사를 결정하고 CCTV 화면에 담긴 가방을 버린 중국인 남자의 모습을 공개했다. 이제 남은 것은 혈흔에 반응하는 루미놀 시약을 들고 1,700여 가구에 이르는 인근 외국인 밀집 지역을 빠짐없이 뒤지는 것. 과학의 힘보다는 은근과 끈기가 필요한 작업이었다.

하지만 수사는 처음부터 난항의 연속이었다. 불법체류 노동자들이 많다 보니 다들 숨어들기 바빴다. 불법체류자가 아닌 사람들도 문을 걸어 잠그고 나오려 하지 않았다. 한국 공무원들은 아예 만나지 않는 게 상책이라는 것이었다. 당연히 제보도 빈약할 수밖에 없었다. 범인의 것으로 추정되는 지문도 수사에 활용할 수 없었다. 외국인 지문을 확인하는 제도는 있지만 대상이 범법자 등에 한정돼 있기 때문이었다.

사건발생 6일째. 드디어 현장에 나간 형사로부터 "옥탑 지붕에서 잘린 두 다리가 발견됐다"는 긴급 보고가 들어왔다. 안쪽 화장실에서 상당한 양의 혈흔 반응도 나타났다. 부러진 칼날 조각과 피 묻은 옷, 정체를 알 수 없는 뼛조각들도 발견됐다.

옥탑방 거주자는 한국인 여성 A(당시 34세)씨와 그녀의 동거남 손모(당시 35세, 한족) 씨였다. 여성의 가족들은 몸에 난 다섯 개의 사마귀로 시신의 주인을 확인했다. 하지만 이미 손씨는 A씨의 카드 등으로 현금 569만 원을 인출해 도주한 상황이었다. 경찰은 서울과 부산, 진주, 동두천 등지를 돌며 도망치던 손씨를 붙잡았다. 경찰의 동태를 살피기 위해 집 주변을 맴돌다 꼬리를 잡힌 것이다.

그는 시신유기 당일 아침 중국술 세 병을 마신 뒤 동거녀와 남자관계에 대해 다투다 결국 머리를 둔기로 때려 살해했다.

토막 난 시신 등이 발견되면 대부분의 언론은 시신을 훼손한 잔인함에 시선을 모은다. 이토록 잔혹한 범죄가 벌어지는 세상이니 조심하라는 식이다. 그러나 공포영화처럼 엽기살인마가 자신의 살인 욕구를 채우기 위해 모르는 여성을 대상으로 잔혹한 범행을 저지르는 것은 흔한 일이 아니다. 1970년 이후 토막살인사건을 분석한 경찰 자료에 따르면 토막살인은 대부분 부부나 가족 또는 친인척, 애인 등 내연관계, 지인 등 평소 가까운 사람(80.0퍼센트) 사이에서 일어난다. 살해 동기는 치정이 21.7퍼센트로 가장 많고 가정불화와 보복이나 청부가 각각 20.7퍼센트, 금품갈취 12.6퍼센트, 우발적 10.3퍼센트, 성폭력 4.6퍼센트 순으로 다양하다.

범인들이 시신을 토막 내는 이유는 무엇일까. 시신을 훼손하는 과정에서 쾌락을 즐기는 극히 예외적인 경우도 있지만, 대부분은 통째로 버리는 것보다 잘라서 버리는 것이 감추기도 숨기기도 쉽다고 생각해서다. 하지만 자신의 범행을 숨기기 위해 발버둥 치는 그들의 시도는 그리 길게 가지 못하는 편이다. 토막살인범 중 44.7퍼센트는 불과 10일 안에 경찰에 붙잡혔다. 그리고 완벽한 은닉을 위해 시신을 조각내는 엽기 행위는 스스로 형량을 늘리는 족쇄로 돌아온다. 2008년 2월 손씨도 시신을 훼손했다는 이유가 더해져 대법원에서 무기징역이 확정됐다.

마약에 눈먼 그녀의 엽기적 살인
그녀 옆에 있는 사람은 누구든 죽거나 다친다

2005년 2월 17일 오전, 서울 강남경찰서 유치장. 남다른 미모의 20대 여인이 알 수 없는 말을 중얼거리고 있었다. 옷부터 반지, 구두까지 명품으로 도배한 여자는 유치장보다는 도심 번화가가 더 어울릴 법했다. 뭔가에 쫓기는 사람처럼 불안해하던 그녀는 거품을 물고 픽 쓰러지기를 반복했다. 그때마다 형사들은 비상이 걸렸다. 그녀를 둘러메고 병원으로 뛰어가기를 몇 차례. 병원에선 몸에 이상이 없다는 말뿐이었다. 그녀는 며칠 전 인근 화상火傷 전문병원 계단에 휘발유를 뿌리고 불을 지르려다 붙잡힌 Y(당시 27세)씨였다. 형사들의 눈에 Y씨의 행동은 이상한 것투성이였다. 멀쩡한 여자가 병원에 휘발유를 뿌린 점도, 줄곧 꾀병을 부리는 것도, 극도의 불안감을 호소하는 것도 이해가 되지 않았다. 형사가 가족에게 전화를 걸었다. 수화기 너머 남동생의 말은 예상 밖이었다.

"저… 형사님, 누나 옆에 있는 사람은 누구든 죽거나 다쳐요."

—

두 남편의 실명과 급사, 어머니와 오빠도 실명

남동생에 따르면 Y씨의 주변엔 몇 해 전부터 죽음의 그림자가 짙게 드리워 있었다. 그녀는 최근 5년 동안 두 차례 결혼을 했지만, 남편들이 얼마 못 가 모두 세상을 떴다고 했다. 죽기 전 두 명 모두 시력을 잃었고 병을 얻었다. 집엔 불까지 났다고 했다. 불행을 겪은 누나가 고향집으로 쉬러 오자 악몽은 가족에게 번졌다. 어머니, 오빠가 차례로 눈이 멀었다. 고향집에도 불이 났다. 최근엔 집안일을 해주던 아주머니 집에 신세를 졌는데 그 집 역시 불이 나서 아주머니의 남편이 사망하고 다른 가족들도 다쳤다고 했다. 동생 말대로라면 정말 공포영화에나 나올 법한 저주받은 캐릭터였다. 그녀에게 몹쓸 액운厄運이 든 걸까. 형사들은 그녀의 가족들이 사는 강원도로 향했다.

남동생 말대로 어머니와 오빠는 실명한 상태였다. 2003년 7월과 11월, 각각 6개월 간격으로 모자에게 갑작스러운 안질이 찾아왔다. 병명은 안와 봉와직염. 눈 주변이 뭔지 모를 세균에 급성으로 감염돼 시력을 잃은 것이다.

"딸이 석류주스를 내왔는데 그걸 마시고는 멍해졌어요. 얼마나 시간이 흘렀는지 모르겠는데 그후 눈을 떠도 앞이 안 보이더라고요."

"오랜만에 집에 온 여동생이 술 한 잔 하자며 술을 내왔어요. 몇 잔 마셨을까. 그후엔 기억이 없어요. 한참을 자고 일어나 눈을 떴는데 앞이 안 보였어요. 병원이더군요."

그러나 노모도 오빠도 수상한 우연에 왠지 말끝을 흐렸다. 의식적으로 의심을 거두려는 듯했다. 가족이란 이유에서였다.

형사들은 미스터리와 같은 남편들의 죽음과 잇따른 가족의 실명, 이와 관련된 병원과 보험기록들을 샅샅이 살펴보기 시작했다. 이 과정에서 죽은 남편들 역시 사망 전에 원인 모르게 실명했다는 기록을 찾을 수 있었다. 놀랍게도 그들을 실명시킨 병도 똑같은 봉와직염이었다. 실명 후 첫 번째 남편은 뜨거운 기름에 의해, 두 번째 남편은 갑작스러운 화재에 화상을 입었다. 그때마다 여인에겐 어김없이 보험금이 쌓였다. 상해부터 사망까지 맞춤형 보험을 들어놓은 덕이었다. 보험금만 무려 6억 원이 넘었다. 형사가 아닌 누구라도 그녀를 의심할 수밖에 없는 상황이었다.

그녀를 추궁할 시간이 얼마 없었다. 서울구치소에 수감돼 있던 그녀는 "불치병을 앓는 세 살배기 아들을 보살필 사람이 없다"는 이유로 구속적부심을 신청해놓은 상태였다. 수사팀은 담당 판사를 만나 사정을 설명했다. 살인 용의자로 위험인물이니 수사를 마칠 때까지만이라도 잡아두라는 것이었다. 하지만 정황증거만으로 그녀를 잡아놓을 수 없다고 판단한 재판부는 그녀를 풀어줬다.

———

겨드랑이털의 마약 성분은 머리카락보다 오래간다

그녀가 나오자 악몽이 반복됐다. 이번엔 자기 아들과 같은 병실에 입원 중이던 환자의 20대 보호자가 갑자기 실명했다. 실명 전 그녀는 Y씨가 건넨 다이어트 약을 먹었다고 증언했다. 그 사이 Y씨 아들의 병원비 900여만 원이 실명한 여성의 신용카드로 결제됐다. 게다가 그녀는 또 다른 남성을 만나고 있었다. 새로운 먹잇감이었다. 경찰은 존속 중상해와 살인미수 등의 혐의로 구속영장을 신청했다. 경찰 조사 첫날, 그녀는 "증거를 대라"며 당당한 모습을 보였다.

그러나 시간이 지나면서 서서히 변해갔다. 2개월 전 유치장에서처럼 극도의 초조와 불안감에 떨었다. 결국 스스로 입을 뗐다. 4년간 마약에 취해 있었다고 했다. 경찰은 소변과 체모를 채취해 국립과학수사연구원에 분석을 의뢰했다. 마약은 혈액으로 흡수돼 체내를 돌다가 소변으로 배출된다. 히로뽕은 1.5~7일, 대마는 짧게는 1~4일이면 밖으로 배출되지만, 상습 복용자는 최장 30일간 소변 시료에서 검출된다.

이런 시간적 제약을 극복해주는 것이 머리카락이나 체모 검사다. 모세혈관을 통해 모발에 흡수된 마약 성분은 계속 나이테처럼 층을 형성한다. 그래서 모발이 자라난 시기를 역으로 계산하면 투약 사실과 그 양을 알 수 있다. 히로뽕 복용 여부를 확인하려면 최소 50올 정도의 모발이 필요하다. 최근에는 겨드랑이털이나 음모를 채취하는 일도 많다. 같은 양의 마약을 복용했을 때 머리카락보다 음모나 겨드랑이털에서 농도가 높게 검출된다는 연구결과 때문이다.

왜 그럴까. 땀이 많은 겨드랑이나 사타구니의 털은 모공에서 정상적으로 올라온 마약 성분 외에 주위의 땀까지 묻어 마약 성분에 이중으로 노출될 가능성이 크다. 사정이 이렇다 보니 증거를 남기지 않으려고 온몸의 털이란 털은 모두 밀고 수사를 받으러 나오는 용의자도 있다. 대검찰청에 따르면 2015년 한 해에 검거된 마약류 사범은 총 1만 1916명이다. 2011년 9,174명에서 4년 동안 29.9퍼센트가 늘었다. 하지만 관계당국은 전체 마약사범 중 검거되는 경우는 10명 중 1명 정도인 것으로 파악한다. 실제 마약을 즐기는 사람이 10만 명 이상이란 이야기다. 마약으로 인해 발생하는 사회적 비용은 2조 5000억 원에 이를 것으로 추정한다.

안타깝게도 Y씨의 몸에서 마약 성분을 찾는 데는 실패했다. 그녀가 복용한 마약이 당시에는 마약류로 분류되지 않은 신종이었기 때문이다. 경찰은 대신 진술 녹화를 증거로 남겼다. Y씨는 2000년 딸이 뇌진탕으로 사망하자 우울증에 걸려 마약에 빠졌다고 했다. 마약으로 슬픔은 이길 수 있었지만, 중독은 피할 수 없었다. 환각의 세계로 들어가기 위해선 돈이 필요했고, 그 돈을 얻는 방법은 다른 사람의 몸이었다. 2000년 5월 첫 남편을, 그 이듬해에 둘째 남편을 잔인하고 엽기적인 방법으로 살해했다. 어머니와 오빠도 예외는 아니었다. 세 명의 목숨과 다섯 명의 눈이 그녀의 마약을 위해 희생됐다. Y씨는 2005년 10월 무기징역을 선고받고 경남 진주교도소에 수감 중이다.

죽음의 순간을 담고 싶은 사진사

쾌락을 위해 범행을 하는 쾌락살인자

스너프 필름Snuff Film은 폭력, 살인, 강간 등의 모습을 담아 은밀히 유통시키는 필름으로 섹스 장면을 그대로 연출하고, 상대방을 죽이는 과정을 고스란히 담아낸 영화를 말한다. 사이코패스가 등장하는 범죄물의 소재로나 나올 법한 엽기적인 이야기라고 생각할지 모르지만 30여 년 전 우리나라에서도 벌어졌다.

———

"꼭꼭 숨어라 머리카락 보인다"

1983년 1월 11일 오전 11시 30분, 서울 금천구 시흥동 인근 호암산 계곡. 방학을 맞은 동네 아이들이 산 중턱에서 술래잡기 놀이에 여념이 없었다. 술래에게 잡힐세라 숨을 곳을 찾던 한 아이가 나무 아래 낙엽 사이에서 다리통을 발견했다. "어. 여기 마네킹이 있네." 궁금한 마음에 낙엽더미를 치우자 나타난 것은 젊은 여자의 시신이었다. 소스라치게 놀란 아이들은 모두 파출소를 향해 뛰었다.

20대로 보이는 여성의 시신은 이상할 만큼 깨끗했다. 겨울인 탓에 부패가 거의 진행되지 않은 상태였다. 한겨울 나체 상태로 숨진 여성의 몸에선 저항한 흔적도, 별다른 외상도 보이지 않았다. 단 고통스러웠던 죽음의 순간을 대변하듯 표정은 일그러져 있었다. 부검에서도 특이 사항은 나타나지 않았다. 목을 졸린 흔적도 성폭행을 당한 흔적도 없었다.

깨끗하기는 현장도 마찬가지였다. 삶과 죽음의 순간이 엇갈린 곳이라는 느낌보다는 오히려 누군가 주변을 깔끔히 정돈한 모습이었다. 머리 위로 자연스럽게 늘어진 나뭇가지와 소복이 쌓인 낙엽, 적당한 햇볕까지. 사진기가 있다면 기념사진이라도 찍었으면 할 만한 장소였다. 그렇게 형사들은 별다른 소득 없이 산을 내려왔다.

여성의 신원을 찾는 것이 급선무였다. 지문조회 결과 여성은 송파구 가락동의 한 이발소에서 보조면도사로 일하는 A(당시 24세)씨였다. 이발소 주인은 그녀를 마지막으로 본 것이 지난달 13일이었다고 진술했다. 11월 말에 첫 출근을 해서 보름 정도 일하던 A씨가 아무 말없이 갑자기 사라져 자신도 황당하다고 했다. 경찰은 그녀의 마지막 행적을 찾아 탐문수사에 나섰다.

주변 사람들은 그녀와 가깝게 지낸 사람으로 인근 아파트 보일러 배관공인 이모(당시 42세) 씨를 지목했다. 이발소에 출근한 그녀의 첫손님이기도 했던 이씨는 대구 출신으로 고향이 같은 데다 A씨에게도 워낙 살갑게 대한다는 소문이 나 있었다. 이씨는 사진에 푹 빠져 있는 아마추어 작가였다. 월 27만 원 정도를 벌었지만, 시가 150만 원이 넘는 고급 카메라를 가지고 있을 정도로 사진 욕심이 많았다. 전문적으로 사진을 배운 적은 없었지만 누구보다 열심히 사진을 찍었고, 덕분에 1977년부터는 지방 사진작가협회 등이 주최한 사진대회에서 11차례나 입상한 경력이 있었다. 알고보니 그는 전과 4범이었다. "철없는 시절 남의 물건에 손을 대서 부끄러운 과거가 생겼지만, 이젠 재혼도 했고 손도 씻었습니다. 믿어주세요." 하지만 피해자의 행적과 주변 사람들의 증언을 모두 종합했을 때 이씨는 가장 유력한 용의자였다. A양이 사라진 날 아침, 이씨의 제안으로 두 사람이 사진을 찍기로 했다는 증언도 나왔다.

───

"자주 만났던 건 사실이지만 죽인 일은 없습니다"

이미 수차례 경찰 조사를 받아본 경험이 있는 이씨는 일단 모르쇠로 일관했다. 하지만 이씨의 집과 직장인 보일러 가게를 압수수색하는 과정에서 형사들은 결정적인 증거를 잡을 수 있었다. 숨진 장소에서 A씨의 모습을 찍은 컬러사진들이었다. 모두 21장인 사진은 A씨가 죽음에 이르는 과정을 마치 시간 순으로 정리해놓은 듯했다. 낙엽 위에 쓰러진 A씨가 가슴을 쥐어짜며 몸부림치는 장면부터 가쁜 숨을 몰아쉬는 모습, 옷이 벗겨진 채 숨져 있는 듯한 사진까지, 순간순간이 생생하게 담겨 있었다.

집안에서는 다른 엽기적인 사진들도 수백 장 넘게 나왔다. 피를 쏟으며 관을 안고 있거나, 칼에 찔려 피 범벅이 됐거나, 목을 매어 파랗게 질린 얼굴의 여성이었다. 사진 속 모델은 이씨의 아내였다. 경찰에게 이씨의 아내는 조심스레 입을 열었다. "남편이 죽어가는 모습을 사진기에 담고 싶어 했어요. 내키지 않았지만 제가 죽는 모델 노릇을 해줬어요."
경찰들은 소름이 돋았다. 이씨가 시체를 대상으로 성적 쾌감을 얻는 이
른바 시체애호증 환자일 가능성이 있다는 판단이 머리를 스쳤다.

궁지에 몰린 이씨는 죽는 연기를 하며 전에 찍었던 사진이라고 우겨
댔다. 사진을 찍은 후 왜 다시 그곳에 가서 죽었는지 모르겠다고 발뺌했
다. 시체 사진을 찍은 자기 부인이 멀쩡히 살아 있지 않느냐고 반문하기
도 했다.

수사팀은 사진 속 여인이 죽은 척을 하는 것이 아니라 진짜 죽은 상태
였다는 것을 증명해야 했다. 백방을 뛰어다닌 끝에 당시 사진학계 최고
의 거장으로 꼽히던 한 대학교수가 해법을 제시했다.

"여기를 확대해보면 솜털이 누워 있는 것 보이시죠. 사람이 죽으면
땀구멍이 벌어지기 마련인데 이 사진부터는 땀구멍도 열려 있고 솜털
도 누워 있습니다. 17번째 사진 이후 5장은 이미 숨진 상태로 보이네
요." 경찰은 보다 확실한 증거가 필요했다. 사진을 찍은 사람이 이씨라
는 것을 증명하기 위해선 인화된 사진이 아닌 원본 필름을 찾아야 했다.
며칠간의 피 말리는 신경전 끝에 이씨는 "숙직실 벽을 뜯어보라"는 말
을 했다. 실제 10센티미터 정도 두께의 숙직실 벽 속에서 필름이 수북
하게 쏟아져나왔다.

사건의 전말은 이랬다. 이씨는 죽은 A씨에게 "모델로 출세를 시켜주
겠다. 일당 5만 원을 줄 테니 하루 시간을 내서 누드사진을 찍자"고 제
안했다. 문제의 12월 14일 아침, 이발소 앞에서 만난 두 사람은 버스를
타고 호암산 계곡으로 갔다. 이씨는 "한겨울에 옷을 벗고 사진을 찍으

면 감기에 걸릴 수 있으니 미리 감기약을 먹어라"며 약을 건넸다. 청산가리였다. 독약을 먹은 A씨가 고통에 몸부림치는 동안 이씨는 사진기를 들이댔다. 이렇게 21장을 찍었다. 이씨는 A씨가 죽은 뒤에도 옷을 벗겨가며 계속 셔터를 눌러댔다.

"대체… 왜 그런 거야?"

"죽음은 가장 극적이고 아름다운 장면입니다. 그걸 담고 싶었어요."

사건은 여기에서 끝나지 않았다. 경찰이 발견한 이씨의 일기장에는 그동안 A씨 외에 다른 여자들을 살해한 이야기가 매우 세세히 담겨 있었다. 이씨도 자신의 범행 사실을 실토했다. 추가 피해자만 무려 21명. 그 중에는 아이를 두고 도망갔다던 전처도 포함돼 있었다. 이런 소식이 신문에 기사화되면서 사라진 여성을 찾는 가족들의 문의전화가 경찰서에 쇄도했다. 추가 수사는 엽기를 넘어 연쇄살인으로 치닫고 있었다. 하지만 이 엽기적인 살인사건이 '해외토픽'으로 외신에 실리면서 예상치 못했던 변수가 생겨났다. 당시는 전두환 군사정권 시절이었다. 윗선에서 '더이상 나라망신 시킬 수 없으니 사건을 빨리 종결하라'는 엄명이 떨어졌다. 곧바로 수사본부는 해체됐고, 담당형사들도 뿔뿔이 흩어졌다. 희대의 살인사건이 난센스처럼 결론을 맺는 순간이었지만, 어느 누구도 독재정권에 맞서 문제 제기를 할 수 있는 상황이 아니었다. 희대의 살인범 이씨는 1986년 다른 살인범 네 명과 함께 형장의 이슬로 사라졌다.

• 범죄형 인간을 찾아라 •

범죄형 인간을 찾는 것은 인류의 숙제였다. 수백 년 동안 서양의 의사들은 사람의 신체적 특성을 보고 그 사람이 범죄적 특성을 가지고 있는지 여부를 판단할 수 있다고 믿었다. 이런 믿음은 19세기 법의학까지 이어진다. 이탈리아의 의사인 체사레 롬브로소(Cesare Lombroso, 1835~1909)는 감옥에 수감된 죄수들의 생김새를 관상학적인 관점에서 관찰했다. 한발 더 나아가 사형당한 시신을 부검하기도 했다. 그는 범죄자는 '우연한 범죄자'와 '타고난 범죄자'로 나눌 수 있다고 정의했다. 타고난 범죄자는 외모만 봐도 알 수 있다고 했다. 예를 들어 팔이 길거나 매서운 눈매, 주전자 손잡이 같은 귀, 강한 턱 등을 가진 사람은 타고난 유전적 결함이 있기 때문에 범죄를 저지를 가능성이 높다고 밝혔다. 자신이 붙은 탓인지 외모로 범죄형 인간을 구분하는 그의 학설은 더욱 구체화된다. 범죄자 6,034명을 연구해 1895년 출간한 저서《범죄 인류학》을 보면 범죄 유형별로 생김새도 다르다.

"…살인범은 얼굴이 창백하고 턱이 두드러지게 생겼다. 양쪽 광대뼈 간격이 넓고 머리카락은 굵고 색이 진하며 턱수염은 많지 않다. 폭력범은 두개골이 둥글며 손이 길다. 이마가 좁은 사람은 없다. 강간범은 손이 짧다. 머리카락색이 밝은 사람이 압도적으로 많은데 성기나 코가 기형인 사람 역시 많다. 사기꾼은 턱이 넓고 광대뼈가 돌출했고 몸무게가 많이 나간다. 역시 얼굴은 창백하다…"

그의 저서를 두고 의견이 분분했다. 일부는 찬사를 보냈지만, 일부는 근거 없는 객관화라고 비난했다. 비난의 한 축에는 프랑스 리옹대학의 법의학교수 알렉상드르 라카사뉴Alexsandre Lacassagne가 있었다. 그는 범죄자는 유전적으로 태어나는 것이 아니라 사회적인 관계에 의해 생겨난다고 주장했다. 죽기 전 롬브로소는 "말년 외모만 보고 범죄형 인간인지 아닌지를 판단할 수는 없다"며 자신의 학설이 틀렸다는 점을 인정했다. 그럼 외형만 보고 범죄형 인간 등을 고르는 일은 비과학적일까. 논란의 여지는 있지만 21세기인 지금도 여전히 범죄자의 외형을 보고 대략 범죄 유형을 나눌 수 있다고 믿는 사람들도 적지 않다. 생활 속에서 범죄자를 많이 접하는 수사관이나 자신이 범죄자인 경우가 그렇다. 실제 장기수들은 교도소에 새로 입감되는 범죄자의 얼굴만 보고도 어떤 이유로 교도소에 왔는지 알아맞히는 확률이 높다고 한다. 또 일면식이 없는 상황이라도 강간범은 강간범을, 사기꾼은 다른 사기꾼을 놀랍도록 짚어낸다고 한다. 익명을 요구한 한 프로파일러도 범죄 유형별로 공통적인 범인상이 있다고 믿는다. 그는 "논란의 여지가 있는 것을 잘 알기 때문에 대놓고 이야기하지 않지만, 경험 많은 형사들은 한눈에 '저 사람은 범죄꾼이다'라고 눈에 들어오는 경우가 적지 않다"면서 "관상을 단순히 미신이라고 치부할 수 없는 것처럼 범죄자가 가지는 공통적인 범인상이 있을 수도 있다고 본다"고 말했다. 현재 과학의 힘으로 정의하지 못한다고 해서 이를 모두 비과학으로 몰지는 말자는 것이 그의 논리다.

30대 애주가의 죽음, 그리고 친구의 고백
범죄는 흔적을 남기지 않는다

2000년 6월 6일 오전 10시 20분, 서울 성북구의 한 동네에서 고모(38세) 씨가 숨진 채 발견됐다. 집에서 발견된 시신 옆에는 먹다 남은 소주와 막걸리 병 등이 뒹굴고 있었다. 가족들은 평소 고씨가 술을 지나치게 좋아해 간경화를 앓았다고 진술했다. 경찰은 고씨가 지병 악화로 숨졌다고 보고 수사를 종결했다. 검안을 한 동네 의사는 타살 흔적이 없다고 밝혔다. 겉으로 보기에 몸에 흉터가 없었고, 현장에 사람을 죽이는 데 사용할 만한 흉기도 없었다는 이유에서다.

그로부터 한 달여가 지나 부산진경찰서에 한 남자가 "사람을 죽였다"며 찾아왔다. 고씨와 알고 지내던 김모(43세) 씨였다. 그는 경찰에서 "술친구로 지내온 고씨가 일자리를 소개해주겠다는 약속을 지키지 않은 것에 화가 나서 전선으로 목을 졸랐다"고 자백했다.

그는 "흉터가 남지 않도록 목에 라면박스 조각을 대고 목을 졸랐다"

면서 "범행에 사용한 목장갑과 라면박스는 지문이 묻은 것 같아서 들고 나왔다"고 실토했다.

결국 사건을 해결한 것은 탐문수사도, 과학수사도 아닌 범인에게 남아 있던 일말의 양심이었다. 고씨의 죽음처럼 살인사건이 자연사나 병사로 처리되는 일은 얼마나 자주 일어날까. 극히 이례적일 것 같지만 안타깝게도 '그렇다'고 자신 있게 답할 수 없는 것이 우리나라의 현실이다.

고씨 사건의 경우, 부검을 했다면 상황이 180도 달라졌을 것이다. 설골이나 갑상연골의 골절 여부를 살펴보거나, 후두덮개나 성대문의 점상출혈을 관찰하는 것만으로도 타살인지 자연사인지 쉽게 알 수 있는 상황이었다. 하지만 부검은 이루어지지 않았다. 검안 과정에서 타살의 흔적이 없으니 굳이 부검까지 할 필요가 없다는 결론을 내렸기 때문이다. 이 모든 판단은 철저히 비전문가 집단에 의해 내려졌다.

되짚어볼 점은 그대로 묻힐 뻔한 고씨의 죽음이 우리나라의 허술한 검시檢屍제도에 기인한다는 점이다. 검시란 시체를 원형대로 검사하는 검안檢眼과 해부를 통해 사인을 규명하는 부검剖檢, 두 가지를 의미한다. 검안은 부검의 전제 조건이다. 부검을 위해선 검안 소견이 필요하고, 또 부검을 할지 말지도 검안을 통해 결정하기 때문이다.

여전히 19세기에 머무르고 있는 인우보증

우리나라 변사사건의 처리과정을 보자. 경찰에 사망자 신고가 접수되면 먼저 지구대 직원이 출동해 현장을 확인한 후 경찰서 본서에 보고한다. 출동한 형사(형사과나 강력반)들은 현장 상황과 최초 발견자 등을 상대로 조사한다. 이때 검안을 맡는 사람은 그 지역의 개업의사인 공의

公醫들이다.

현장에 나갈 때도 있지만 시신을 병원으로 이송하고 검안하는 일도 많다. 공의들은 현장조사를 맡았던 형사의 의견을 참조해 시체검안서를 작성한다. 이렇게 해서 하나의 변사사건 보고서가 만들어지면 이를 바탕으로 검사가 부검이 필요한지 필요하지 않은지를 결정한다. 대부분 부검은 국립과학수사연구원에서 진행되지만, 의대 법의학 교실이나 지역병원에서 이뤄지기도 한다.

문제는 부검까지 가는 일련의 과정에 법의학적 전문가가 배제돼 있다는 점이다. 초기 현장에 나가는 형사와 마지막 부검 결정권을 쥔 검사는 아무리 베테랑일지라도 전문적인 법의학 훈련을 받지 못한 사람들이다.

시체검안서를 쓰는 의사가 있지 않느냐고 반문할 수 있다. 하지만 대부분 의대에서 받는 법의학 교육은 불과 1학점짜리 교양과목 정도에 불과하다. 이쯤 되면 성형외과를 찾아 심장질환을 묻는 것과 별반 다르지 않다.

검시 전문가가 턱없이 부족하다는 점도 문제다. 전국적으로 부검할 수 있는 전문 검시 인력은 국립과학수사연구원과 대학을 통틀어도 40여 명에 불과하다. 우리나라에서 시행되는 부검 건수는 연간 4,600건. 부검만 하더라도 손이 달리는 상황이다. 법의학계에서는 300명 정도의 검시 전문가가 필요하다고 말하지만 현실은 요원하기만 하다.

죽음을 처리하는 과정에서 전근대적인 악법도 존재한다. 대표적인 것이 인우보증隣友保證제다. 예전에 의사가 드물던 시절, 동네 사람 몇몇이 보증을 서면 죽은 사람을 그냥 땅에 묻어도 좋다고 허가한 제도다.

이 제도 때문에 한 해 1만 7000명이 아무 확인절차 없이 사망처리된다. 이는 범죄에도 악용된다. 이웃의 보증만으로 자연사로 처리될 뻔했던 2009년 4월 충남 보령의 청산가리 살인사건이 대표적인 예다.

2009년 4월 충남 보령의 한 시골 마을에서 70대 여인이 사망했다. 가족들은 지병으로 인해 자연사했다고 생각해 바로 장례절차에 들어갔다. 마을 이장 등 동네사람들이 앞서 말한 인우보증을 섰다. 그러나 다음 날 아침, 같은 마을 주민 두 명이 더 사망한 채 발견됐다. 전날 부인과 함께 관광을 갔던 이웃집 부부였다. 연이은 죽음에 경찰이 수사에 나섰고 국립과학수사연구원 부검 결과 세 명 모두 청산가리에 의한 독살로 밝혀졌다. 범인은 70대 여인의 남편이었다. 경찰 관계자는 "평소 자신의 불륜으로 가정불화가 심했던 남편이 이웃집 부부가 불륜 사실을 아내에게 고자질했다고 생각했다. 결국 남편이 이들을 모두 살해한 것"이라고 말했다.

—

신처럼 모셨던 김정일 전 위원장을 부검대에 올린 북한

2011년 12월 17일, 심근경색으로 숨진 김정일 전 북한 국방위원장이 부검대에 올랐다. 아무리 사인규명을 위해서라지만 북쪽 정권이 신처럼 떠받들던 '위대한 영도자'의 몸에 칼을 댔다는 사실은 많은 남쪽 사람들을 어리둥절하게 했다. 북한 전문가들은 "두루뭉술하게 넘긴다면 암살이나 쿠데타 등 음모론이 확산될 수 있으니 화근을 없애려고 부검을 했을 것"이라는 등의 분석을 내놓았다. 하지만 이는 다분히 정치공학적인 관점에 맞춰진 해석이다. 공산권 국가에서 부검을 바라보는 사회적 시각은 오히려 자본주의권보다 너그럽다. 유물론적 관점에서 본다면 이미 사망한 육신에 영혼이 남아 있을 리 없다. 시신 훼손 등 사회적 논란도 적을 수밖에 없다. 이런 배경에서 김일성 주석도, 소련의 레닌·스탈린도 부검대에 올랐다. 사회주의 국가에서 검시나 부검에 대한 법률이 발달해 있는 것도 같은 맥락이다. 소련, 중국의 영향을 받은 북한은 이미 1950년대부터 부검·검시에 대한 법률을 제정해 시행 중이다. 이 법은 외인사外因死와 사인불명 죽음에 대해선 반드시 검시나 부검을 거치도록 하고 있다. 반면 우리나라는 의혹이 있는 죽음을 빠짐없이 조사할 수 있도록 한 검시 관련 법규가 체계적으로 갖춰져 있지 않다. 주검을 다루는 법제도만큼은 최악의 인권국가인 북한보다 뒤처져 있는 것이다.

우리나라에서 검시제도와 관련된 논의는 오래전부터 있었다. 필요성은 모두 인정하지만 문제 제기만 벌써 십수 년째다. 웃지 못할 일은 검찰과 경찰의 힘겨루기다. 개혁의 필요성은 전적으로 동감하지만, 운영은 반드시 우리 부처에서 해야 한다는 논리다. 난센스다. 땅에 묻히는 순간까지 죽은 국민의 권리를 보호하는 것은 국가의 책임이다. 분명치 않은 이유로 억울한 죽음을 맞는 이도, 억울하게 범죄자로 몰리는 일도 없어야 한다. 범죄는 흔적을 남기지만 주검은 말을 하지 않는다. 시신 속 진실을 찾으려는 노력과 이를 위한 시스템을 갖추지 못하는 사회라면 범죄는 흔적을 남기지 않는다.

참고문헌

《DNA 분석과 과학수사》, 박기원, 살림
《Practical Aspects of Interview and Interrogation》, 데이비드 E. 줄랍스키, 더글라스 E. 윅랜더, 수사연구사
《과학수사 50년사》, 국립과학수사연구소 엮음, 국립과학수사연구소
《과학수사론》, 한면수 · 박상선 · 유제설 · 장윤식, 경찰대학
《과학수사에 숨어 있는 미세 증거물》, 홍석욱, 수사연구사
《국립과학수사연구원 연보(2001~2010)》, 국립과학수사연구소
《그녀는 왜 연쇄살인범이 되었나》, 슈테판 하르보르트, 알마
《모든 범죄는 흔적을 남긴다》, 마르크 베네케, 알마
《모든 살인은 증거를 남긴다》, 브라이언 이니스, 휴먼앤북스
《몸짓의 심리학》, 토니야 레이맨, 21세기북스
《문서감정의 이론과 실제》, 양후열, 국립과학수사연구소
《범인은 바로 너다》, 한스 J. 마르코비치 · 베르너 지퍼, 알마
《법의관이 도끼에 맞아 죽을 뻔했디》, 문국진 · 강창래, 알마
《법의학》, 강대영 · 강현욱 · 곽정식 외 9인 공저, 정문각
《살인본능》, 마르크 베네케, 알마
《살인의 현장》, 브라이언 이니스, 휴먼앤북스
《살인자들과의 인터뷰》, 로버트 K. 레슬러, 바다출판사

《수사연구》, 수사연구사

《연쇄살인범 지도 매핑》, 브렌다 랠프 루이스, 휴먼앤북스

《연쇄살인범 파일》, 해럴드 셔터, 휴먼앤북스

《연쇄살인범의 고백》, 마르크 베네케, 알마

《죽은 자들은 토크쇼 게스트보다 더 많은 말을 한다》, 마이클 베이든, 바다출판사

《죽음의 해석》, 강신몽, 수사연구사

《지상아와 새튼이》, 문국진, 알마

《타살의 흔적》, 국립과학수사연구원 법의관, 강신몽 공저, 시공사

《프로파일링》, 브라이언 이니스, 휴먼앤북스

《한국법과학회지(2000~2009년)》, 한국법과학회

《한국의 CSI》, 표창원 · 유제설, 북라이프

《한국의 연쇄살인》, 표창원, 랜덤하우스코리아

《혈흔으로 하는 범죄현장의 재구성》, 톰 베벨 · 로즈 M. 가드너, 수사연구사

과학수사로 보는 범죄의 흔적

개정판 1쇄 펴냄 2016년 7월 1일
개정판 5쇄 펴냄 2024년 1월 2일

지은이 유영규
펴낸이 안지미

펴낸곳 (주)알마
출판등록 2006년 6월 22일 제2013-000266호
주소 04056 서울시 마포구 신촌로 4길 5-13, 3층
전화 02.324.3800 판매 02.324.7863 편집
전송 02.324.1144

전자우편 alma@almabook.by-works.com
페이스북 /almabooks
트위터 @alma_books
인스타그램 @alma_books

ISBN 979-11-5992-016-5 03300

이 책은 2013년에 출간된 《과학수사로 보는 범죄의 흔적》의 개정판입니다.

알마출판사는 다양한 장르간 협업을 통해 실험적이고 아름다운 책을 펴냅니다.
삶과 세계의 통로, 책book으로 구석구석nook을 잇겠습니다.